Meine Morgenröthe

Dieses Buch widme ich dem Griechischen Philosophen HE-RAKLIT (ca. 600–540 vor Chr.) dem »Dunklen«.
Auf seinen Schultern stieg ich, um in weite Fernen schauen zu können. Sein Atem wurde der meine – Wort an Wort –, sodass ich das WUNDER Muttersprache besser verstehen kann: das Meine, somit vielleicht auch das Seine.

Ich – A.W., ein stiller Verehrer

August-Wilhelm R. F. Beutel

Meine Morgenröthe
Jenseits aller Kategorien

Meine lyrische Lebens-Philosophie

Band I

Bibliografische Information der Deutschen Nationalbibliothek:
Die Deutsche Nationalbibliothek verzeichnet diese Publikation
in der Deutschen Nationalbibliografie; detaillierte bibliografische
Daten sind im Internet über http://dnb.dnb.de abrufbar.

© 2018 August-Wilhelm R. F. Beutel
Satz, Umschlaggestaltung, Herstellung und Verlag:
BoD – Books on Demand

ISBN: 978-3-7528-9012-9

Zum Inhalt

Meine 21 Thesen, Epigramme, beginnen mit einem Fragment aus »Heraklit« – Sammlung Tusculum, aus dem Verlag Artemis & Winkler. Wissenschaftliche Beratung: Gerhard Fink, Niklas Holzberg, Bernhard Zimmermann. Weitere Unterlagen (zur Auseinandersetzung) mit 17 Dozenten aus den von Dieter Arendt zitierten Thesen dieser Autoren. Zusammengefasst in dem Buch »Der Nihilismus als Phänomen der Geistesgeschichte« (1974), Wissenschaftliche Buchgesellschaft Darmstadt.

Inhaltsverzeichnis

Anmerkung in eigener Sache.

Bei den Sonetten (den meinen) am Zeilenende setze ich kein Komma, um den Fluss der Gedanken nicht zu blockieren; nur an Stellen, die einen Ruhepol ergeben, stelle ich Bindestrich, Doppelpunkt usw.; am Satzende dann den Punkt.

Vor jedem Beginn meiner Epigramme – 1 bis 21 – setze ich also, wie schon erwähnt, ein Epigramm des Philosophen Heraklit.

Epigramm: bei mir als ›Sinngedicht‹ gedacht, nicht als Spottgedicht.

Begleitende Literatur:

Eins – Heraklit-Fragmente »Tusculum« Artemis & Winkler

Zwei – »Wege der Forschung – Der Nihilismus als Phänomen der Geistesgeschichte« – Herausgeber: D. Arendt

Drei – Karl Jaspers, »Friedrich Nietzsche«, De Gruyter Studienbuch

Vier – »Vom Weltbild der Deutschen Sprache« Band I–IV von Leo Weisgerber

Fünf – Immanuel Kant, »Kritik der reinen Vernunft«, Reclam 1966

Sechs – Benjamin Lee Whorf, »Sprache – Denken – Wirklichkeit«

Sieben – Friedrich Nietzsche, »Sämtliche Werke«. Kritische Gesamtausgabe – De Gruyter Dünndruck-Ausgabe

Zu Thema 1 – Vorspiel: Jenseits aller Kategorien

Teile ich irgendeinen Punkt, somit ergeben sich neue Punkte: Kreis an Kreis. Sind diese Kreise nicht mehr (menschlich gesehen) erkennbar, dann muss man die ganze Misere in die Mathematik (Zahlenbereich) einjustieren. Man geht in den Minusbereich und wird dort groß und größer, bis man diese (Minus-)Funktion im neuen Unendlichen enden lässt.

An dem Punkte, so, oh Wunder, kommt man aus dem Minus- Zahlenbereich in den Wortbereich, und wird hier positiv. Man erklärt, in transzendenten Räumlichkeiten, und vereint Sprache (Wort) und Zahl von 1 bis Unendlich (die liegende 8) – zwei Kreise nebeneinander!

Jeder Punkt, auch der gedachte, ist ein Kreissymbol. Öffne ich den Kreis, dann verlasse ich den Blickwinkel, und begebe mich in jenen, meinen Raum des Denkens, meines, um mir Wort und Zahl (z. B. 1) vor Augen zu halten. Lege ich zwei Punkte nebeneinander (:) (. .), dann ergeben sie für mich, je nach Betrachtungsweise, eine Linie oder eine Parallele.

Zwischen diesen zwei (Wort-)Punkten schwebe ich gedanklich in der Parallele LEBEN – von Jetzt zu Jetzt – von einer Unendlichkeit – usw.!

An dieser Stelle löst sich jeder Kreis auf, in Parallelen, die in menschlichen Blickwinkeln stets enden. Der Pauperismus, veraltet für Massenarmut, ist auf jene Armut anzuwenden, die das Wunder Muttersprache anbetrifft. Die Gesichtskreise des Einzelnen werden immer enger (eingekreist), damit wir z. B. die Politikreden so verstehen, wie der Machthaber sie vordiktiert, um zu glauben: Sie wissen. Jeder Glaube, gleich, welcher auf der Welt, hat nur eine einzige (1) Wahrheit (Mythos) an dem Punkte, wo sie wortlos bleibt. Die verinnerlichte Glückseligkeit ist weder politisch, noch christlich moralisch, nicht in zählbaren Nummern (1, 2, 3 …) zu definieren.

Heidegger schrieb wörtlich »Sein ist nicht definierbar«, schrieb aber sein Buch »Sein und Zeit«. Er setzte den Blickwinkel in die Zahl, um (2), und bewies dann das Nichtzubeweisende, aus der Zahl heraus, ins Wort.

In meiner, nach beiden Seiten offenen, Parallele gibt es weder Wort noch Zahl.

»Wie sollten wir uns dann verständigen?«, fragte mich der Nachbar auf dem Markt.

»Mit dem Wunder Sprache«, war meine Antwort. Da schüttelte die Masse der Umstehenden mit dem Kopf und zeigte mir einen Vogel. Das ist Pauperismus, die Armut in der Einfachheit der Muttersprache, das große Wunder ›Verstehen‹ dem Volke nahe zu bringen – ihre Kreise aufzubrechen.

Nach Jaspers, dem Philosophen und Psychologen, muss man an dem Punkte eine minderbemittelte Sprache annehmen, um kopfschüttelnd SIE, die Masse, Wort, gleich welche (welches) auch immer, auf ein Minimum herab …, um sie zu verstehen. Hier u. a. beginnt ebenso das Wunder Sprache (bei mir meine Muttersprache DEUTSCH!). Indem ich die Vielheit, bei dem Massewort, Liebe z. B., auf den Einzelnen zurückgreife, da dieser Begriff so viele Male als Massewort feststeht, wie es Menschen auf der Erde gibt. Im Nachfragen, im Hin-und-Her-Abwägen kommt man, versteht man das Wunder Sprache, dann nähert man sich im Laufe eines aufopfernden Gespräches dem Einzelwert Liebe des Einzelnen an!

Aber, wer wendet es an, dieses Ausschlussverfahren, vom Plagiat – LIEBE – auf das Einzelwesen, seine Liebe zu schließen?

Und so geht es Wort für Wort; das ist das große, so unterschätzte Wunder Sprache. Ich atme ein, ein Plagiat (Massewort), schleuse es durch alle Gehirnsecken, in mein Einzel-

Wort, das noch wortlos ist, wieder beim Ausatmen (Sprechen) in ein Plagiat, das Wort: z. B. Arbeit, Ehre, Gut und Böse, immer in der Hoffnung, dass mein Gegenüber es ähnlich versteht. Dann? Dann wird aus Ein- und Ausatmen von Masse und Einheiten das große Wunder »Verstehen«! Am Ende werden wir uns die Hände geben: verstanden zu haben! Wobei dieses Verstehen nie und nimmer den Atem des anderen ersetzen kann, denn Verstehen ist nur ein Plagiat: Wenn nicht jetzt, wann dann wirst du es verstanden haben? Das Händereichen ist demnach ein wortloses Verstehen: plagiatentrückt. Auch das gehört zum Thema Sprache, egal welcher du dich gerade bedienst … Eine These …!

Als Beginn

»Der Seele Grenzen kannst du nicht ausfinden, auch wenn du gehst und jede Straße ab wanderst, so tief ist ihr Sinn!« Heraklit

… Das Nichts wurde durch das Nichtbekennen: WAHR …

Diese Verneinung ist
ein Gefunden –
somit die List
in dem Gesunden

von Beginn an ein seltsamer Weg.
Kann ich nicht ausfindig machen der Seele Sang
muss ich dort gewesen sein, den Steg
der Schatten, den Sinn erkannt, auch wenn bang

an dieser Stelle ich erwähne
nicht zu erkennen die Zahl
aus der Negation. Sie, hervorgeholt

aus dem Nichterkennbaren, wird die Strähne
geköpft, und der Leib bestimmt dann kahl …
Schon war der Gedanke wissend besohlt.

I

Prof. Ludwig Landgrebe, geb. 1902 in Wien, Uni-Prof. für Philosophie, beginnt in dem Buch, das ich in der Einleitung näher benenne, folgendermaßen: »Das Wohl des Allgemeinen fordert die Hingabe des einzelnen ... aber siehe da, es gibt kein solches Allgemeines! Im Grunde hat der Mensch den Glauben an seinen Wert verloren, wenn durch ihn nicht ein unendliches wertvolles Ganzes wirkt: das heißt, er hat ein solches Konzept, um an seinen Wert glauben zu können.« Aber? »... es ist die hyperbolische Naivität, sich als Sinn und Wertmaß der Dinge zu setzen.«

Friedrich Nietzsche dazu: »Der Glaube an die Vernunft – Kategorien ist die Sache des Nihilismus.«
Gebrauchswert und Tauschwert bestimmen die Gedanken beim Liebäugeln mit der Beute materieller Werte, der ideellen Tendenz: zu schweigen, sich vertauscht zu haben. Im Grunde hat der Mensch den Glauben an seinen Wert schon lange verloren, das wertvolle Ganze zu konzipieren, das ist die Aufgabe: Ich zu Ich, als Gebrauchswert oder Tauschwert zu sehen!

»Der Nihilismus als Phänomen der Geistesgeschichte« in der Diskussion unseres Jahrhunderts! Herausgegeben von Dieter Ahrendt (1974)
Wissenschaftliche Buchgesellschaft Darmstadt.
17 Wissenschaftler, Professoren für Philosophie, Literatur und Dialektik, lutherische Dogmatik, für Germanistik und vergleichende Literatur, Geschichte, und die Psychologie nicht zu vergessen: Sie alle bilden mir jene Schultern, die, so wie Isaac Newton es einst behauptete: »Auf ihren Schultern von Weisen schaute ich dann weit voraus.«
Karl Jaspers (Philosoph) meint: »Wenn ich frei sein will,

wenn ich mir identisch sein will, muss ich meine Herkunft in mein Selbstkonzept integrieren.«

Ich – Handwerksmeister, VWL/BWL-Absolvent in Hamburg. Als Jugendlicher klassische Gesangsausbildung. 10 Jahre offizieller Gasthörer für Philosophie an der Uni HH. Stipendiat am Johannes R. Bescher Institut in Leipzig mit dem Abschlussdiplom der Universität Leipzig: Literatur! Grundlage der damaligen DDR-Literaten.

Poesie ist ja keine Wissenschaft, aber ein Gefühl, in alle Winkel der oben genannten Wissenschaften hineinzuschauen. Somit zu Beginn meiner Arbeiten eine kleine poetische Auflösung, warum mir der Name BEUTEL: Ich zu Ich –vertraut zur Hilfe kommt: Jäger und Sammler zu sein.

Ich zu Ich

›ich bin‹ ein Jäger mit den Augen: Friede.
›ich bin‹ ein Suchender im Wort nach mir: Verschwiegenheit.
›ich bin‹ so glaube ich noch ungeboren: Liebe!
›ich lebe‹ außerhalb der Zeit, bin ich noch tot?

›ich bin‹ der reichste Mann der Welt, denk ich an all mein Fühlen: Sehen!
›ich bin‹ mit all dem Reichtum dieser Welt bestückt ich lebe Heut und Hier!
›ich bin‹ zum Sehen für das Morgen mit der Liebe ausgestattet in all der Dunkelheit noch Licht zu sehn.
›ich bin‹ ein Jäger. ›ich liebe‹ also lebe ich!

So fand ›ich mich‹: Ich!

Mit dem Fangnetz in beiden Händen, und am Gurt den BEU-TEL für die gesammelten Kräuter, Pilze, Beeren usw., so das Familienwappen: Sammler und Jäger, so die Ahnenforscher, sollten wir mit dem Namen Beutel gewesen sein.

Als Jäger und Sammler kehrte ich HEIM: *Wortsammler und Jäger der Gedanken zu sein.*

Das sind meine Randnotizen, ein POET, nichts Großes, aber doch meine Poesie, die sich dem Nichts von einer Seite nähert, die die Rahmen aller Wissenschaften aufbrechen kann, da sie mit der Vorbedingung ins Feld stößt, jeden anzusprechen, vielleicht sogar all die Wissenschaftler mit ihren Titeln und Denkrichtungen.

Poesie ist keine Denkrichtung, sie lebt, so sage ich, von der wortlosen Auseinandersetzung, Glauben in Wissen umzuwandeln, indem ich hier die Schultern eines Philosophen benutze: Sokrates, der sagte: »Ich weiß, dass ich nichts weiß!« … und an der Stelle folgere ich ganz einfach weiterführend: … und damit weiß ich, der Poet, mehr als alle sie, die von sich behaupten, ALLES zu wissen!

Damit wird meine Poesie, angelehnt an die Form des Sonetts, das 800 Jahre alte Gerüst eines Poeten (um 1250) (aus 2 x 4 und 2 x 3, seine 14 Zeilen), meine Thesen, Antithesen und Synthesen, sie, die meine Form ergeben: Poesie zu leben!

Shakespeare formte sie in seine Form um, 3 x 4 Zeilen und als Abschluss einen Zweizeiler.

Meine Sonette sollen nur in Formgedenken an den Entdecker erinnern: Giacomo da Lentini! So sind meine Sonette Zeile für Zeile, im Sinne Heraklits, kleine, nichtssagende Epigramme, die im Hin-und-Herlaufen einzelner Schritte, »Jenseits aller Kategorien«, sich dieser Form annähernd bedienen: wobei ich keinen wissenschaftlichen Anspruch, inhaltlich wie auch äußerlich, begehre! Wie gesagt, meine Worte sind im Grunde nichts anderes als jene kleinen Stiche, wortlose Nadelstiche, das Nichts (das war –Wort wurde) aufzulösen, poetisch, das versteht sich von ganz allein.

Somit wird Seite für Seite zuerst eine These, die mit einer Antithese das Gesagte nicht anfällt, aber im Sinne Nietzsches »in der Umwertung aller Werte«, als Bestandteil in der Erinnerung bleiben (soll, muss), um die Muttersprache nicht als Ergon zu benutzen, im ständigen Stillstand, sondern als Energeia, sie, die Schritt für Schritt Raum und Zeit in Einklang bringen soll. Dort aber nicht zum Ergon zu werden, da jedes Ende im Kreislauf des Kreises stets ein neuer Anfang ist. An dieser Stelle öffnen sich alle Punkte, Kreise in unendliche Parallelen, die Anfang und Ende im poetischen Gleichklang einen unendlichen Raum an die Hand geben. An dem Punkte angelangt wird LEBEN zum »Willen zur Macht«, zum wortlosen Wort und doch Begriff, der bei jedem Atemzug mitschwingt: Mensch zu sein! … Ich atme ein …!

A/1

Am Rande ich, in meinem Wort

In Epigrammen
zusammengefügt: mein Form-Sonett
spüre ich das dumpfe Rammen
der Morgenröte Sonnen-Bett.

Das hellste Licht – der Menschheit Erbe –
ist das Wort
geerbt von der Ahnen geistiger Kerbe:
Muttersprache – sie – vor Ort!

Dieses Wunder, aus der Allheit – SEHEN –
ist ein Plagiat, des Wortes Stirn
uns als Wunder in die Hand gegeben

aus der Vielheit – Masseverstehen –
alle Bereiche – wie Sehen und Hirn –
als Einheit im Ich zu beleben!

A/2

Ich sah diese Orte; durchbrach die Pforte
dieses Wunder mir in den Mund zu legen.
Aus dem Ich = Ich wurd' dieses Stückchen Torte:
alle Muttersprachen zu hegen.

Heraklit schrieb in seinen Epigrammen
Sinngedichte, kürzest die Form
um, als »Der Dunkle«, sein Wort zu entflammen.
Philosophie versinnlichte seine Norm.

Er fand der Wörter seine: viele.
Die Aufklärung – seine –
der endlosen »Dunklen« Gedanken

sie einzukreisen, der Einfachheit zum Ziele?
Er verwehrte oft sein »Gedanklich«, das Eine
und verwies auf des Fragenden eigene Schranken.

A/3

Auch der Schrei in der Masse ist ein Wort

Punkte blieben liegen
zerstreut am Hemisphärenrand.
In den Gedanken begannen seine Wiegen
bis Vielheit sich zur Einheit band.

Das Sehen sollen wir neu erlernen.
So er, der Philosoph.
Aufwachen in den fernsten Fernen
das ist der Gedanke: Vorhof

das Tageslicht in die Nacht einzugliedern.
Somit zu singen das uralte Lied:
vom Säugling an, der Mütter Liedern

zu spüren den Sang, zu befiedern
den Himmel zu erstürmen: ich mied
das Licht – zu grell der Störenfried.

A/4

Blatt an Blatt, der Neue Unter-Grund

Dort, wo aus der Vielheit Glied
Unendliches
dort, beginne ich mein Lied
das Abendrot als ›Kenntliches‹

anzubieten: zu sprechen!
Und? ich sprach, seht her, hier ich –
und du? Da gab ich dem Rechen
meinen Korb und gebar in sich

ein Kesseltreiben. Blatt
an Blatt verlor sich im Untergrund:
den Boden zu bedecken.

Und am Ufer ich, im Watt.
An der Küste der Sprache Mund:
im Laub die Erde zu erwecken.

A/5

Stille, so laut wie mein Traum

In dieser Stille – meine Zeilen – gescheit
mein »amor fati« im Selbst zu gesunden.
Wenn auch das Licht der Straße schreit:
sei auf der Hut, meine Sinne gefunden

den Atem wieder aufzunehmen.
Dem Affen entronnen, so der Natur Gesetz!
Mich der Gräuel der Menschheit zu schämen?
Wo bleibt das Wesen bei all dieser Hetz?

Dann halte ich ein.
Mein Atem ruht
göttlich im Wunder: Mensch zu werden.

Kampagnen abseits vom Latein
das Leben selbst: ausgebuht!
Endlich, dieses Wunder Ich auf Erden!

A/6

Ich? Kriegskind von Nöten …!

Friedrich Nietzsche schrieb sein Buch
»Jenseits von Gut und Böse«.
Die alten Inder erinnern an den Fluch:
»Macht euch frei vom Paar« (dem Getöse)

»der Gegensätze.« Und ähnlichem Gedröhn!
Der Führer sprach vom Sieg:
»Ein Volk braucht Raum!« Dieser Föhn
verwüstete aller Gegensätze Traum: KRIEG

blieb den Verdammten. Menschenverachter –
so verloren sie in Gräben Leben
an Leben, der Schlachten sinnloses Töten.

Zu töten »Gut und Böse?« als Umnachter
der Norm, dem deutschen Volk, Tote zu geben?
Im Jenseits aller Andacht: mein menschlich Erröten!

A/7

Sehen, wahres Sehen war angesagt.

»Über den Dächern der Stadt beginnt das All.«
So sprach der Morgen sein ABC.
Diesseits sprach der Morgen, sie sind Knall auf Fall
Kategorie, wie Wasser und Schnee.

»Gib acht«, sprach die Mitternacht
der Tag ist Teil der Ewigkeit.
Schon begann mit aller Wörter Macht
Glaube das Wissen zu verdrängen: ZEIT

die im Grunde Kreise öffnet, so
den Segen, Sprache von Geburt an zu leben:
wo das Licht sich dem Auge weitet.

Der Nihilismus, als Wille zur Macht beschreit. Wo
bin ich? Am Kai steh ich und schaue im Geben
hinein in mein Flehen, das übers Wasser gleitet.

B

Wissen und Glaube

Heraklit: »Der Kosmos spricht in Mustern!«
Der Mensch, so sage ich, spricht in Formen: Wort an Wort!

Ich atme ein das Massewörtchen: Atem. Auch Odem sollte ganz allgemein die Etappe jenes Pünktchens sein, das, in der nach allen Seiten geöffneten, unendlichen Parallele, sich hin und her bewegt, um zu atmen.

»Der Nihilismus bei F. J. Jacobi« von Theobald Süss, Prof. für lutherische Dogmatik., geb. 1902 im Elsass. Pfarrer in Elsass-Lothringen. (S. 65)
»Nihilismus!« Bekanntlich findet sich dieses Wort zum ersten Male in Jacobis »Brief an Fichte« von 1799. Bei näherer Betrachtung scheint uns, dass es durchaus schon bei Jacobi in exakt verstandener Weise gebraucht wird!
Schelling: »Die Wurzel des N. in der Zerspaltung der Einheit von Glauben und Erkenntnis – arbeitet an einer Wiedervereinigung der Wissenschaft der Religion!«

Von Vernunft ist die Wurzel: vernehmen. Reine Vernunft ist ein Vernehmen, das nur sich selbst vernimmt. ... Er hat also vernommen!
Dieses Vernommen-Haben kann demnach nur wortlos dem Innersten preisgegeben werden: das Selbst dem Selbst!
Allein die Umsetzung von dieser wortlosen Verinnerlichung, der ureignen, allgemeinen Vernunft ins Einzelwort. Um zu gestalten, öffnet das Tal nur die Täler, die überwunden werden müssen. Es gilt das Plagiat Vernunft als Sammelbegriff in den Raum zu stellen.

Wenn ich dann mit diesem Massewort Vernunft das Wort Nihilismus, das vermasst im Raum tönt, Glauben mit anderem Glauben beweihräuchernd: dann? »Wir begreifen eine Sache nur, indem wir sie konstruieren.« Dann gehe ich in den Transzendentalbereich, gehe über die Null in der Mathematik, in den Wortbereich zurück, und GLAUBE! Ist das Vernunft? Nein, denn, so T. Süss: »Diese ganze reale Welt in der Abstraktion, die zum Begriff hinführt, aufgehoben oder, wie Jacobi gern sagt, vernichtet worden. Wir befinden uns in der Welt der bloßen Vorstellungen, in welcher das Ich durch nichts von Außen Herkommendes mehr gestört wird. Es ist die Welt der reinen Subjektivität, über die das Ich freie Verfügung besitzt!«

»Ich weiß, dass der Aberglaube an sich selbst so weit geht, dass er sich noch wird anbeten lassen!« … »der N. entsteht aus dem Bemühen eine Kontinuität herzustellen, wo keine vorhanden ist!« So endet T. Süss seine N.-Betrachtungen bei F. H. Jacobi!

Kontinuität kommt von Stetigkeit, Fortdauern, in dem Sinne mein VETO: Nichts = Nihilismus dauert fort in einer Stetigkeit, solange Menschen sich mit der Sprache verständigen! Die Kategorie Vernunft, Unvernunft aufzubauen scheitert allein an der Tatsache, dass Glaube und Wissen nur dort wahr wird, wo ich Glaube ganz unwissenschaftlich als Wissen deklariere.

Vernommen habe ich die These ganz wortlos aus der innersten Vernunft heraus. Ich vernehme meine Vernunft aus der Allwissenheit des Sokrates: »Ich weiß, dass ich nichts weiß« … und vollende seinen Gedanken in meine neue These … und darum weiß ich mehr als ALLE sie, die von sich behaupten, ALLES zu wissen.

Dogmatik ist gleich Glaubenslehre, vernommene Vernunft: Glaube und Wissen? Jacobi ist beides in einer Person: Nihilismus und gläubiger Existenzialist oder, wie er in literarischer

Formel, wenn auch unprägnant sagt: »mit dem Kopf ein Heide, mit dem Herzen Christ!«

Glaube und Wissen lösen diese Kategorie auf: Vernunft? Nein, es ist viel mehr in dieser unvernünftigen Aussage enthalten: aus dem Innersten heraus Mensch zu sein.

»Der Kosmos spricht in Mustern«, sagt Heraklit? Ich füge an: Wir sprechen in Formen: Wort an Wort!

Teil II/B

Wissen und Glaube

Heraklit sagt: »Der Kosmos spricht in Mustern!«
Ich dagegen sage: Der Mensch spricht Wort in Wort in Formen!

Oft ist das Verstehen ganz allein am Wort gebunden.
Manches Mal wird selbst das Gut
im Rechten List. Um zu gesunden
möchte ich »romantisch-realistisch« diesen Mut

das tiefste Licht in all Euren Sinnen
im Tagwerk Denken Euch erhalten.
Differenzen liegen wie zertret'ne Zinnen
am Boden des Daches, Denken, neu zu gestalten!

»Der Kosmos spricht in Mustern«, so wie
der Mensch in Formen: Wort an Wort.
Muttersprache –DEUTSCH – bleib mir bitte erhalten!

Dass die Verständigung uns nie
die Plagiate, jene Masse – Ort an Ort –
als Begriffe im Gift erkalten …!

B/2

Sonett-Form Shakespeare
(3 x 4 + 1 x 2 Zeilen)

Worte, Wörter

Eine Auswahl möchte ich an dieser Stelle
treffen. Aus dem Reiche der Symbole
öffnet Aug' und Seele mir die Welle
die Verstehen bringen sollte, bis zur Sohle:

eingereiht in die Regale, Jahr um Jahr
Augenblick auf Augenblick! Selbst das Herz
das dem Verstand die Weichen stellte, war
von der Geburt an oft nur Schmerz!

So, die Auswahl öffnete die Differenzen
hin zum Schatten und zum Licht.
Möchte Gut und Böse Euch kredenzen.
Beide Seiten, das ist meiner Lyrik Pflicht.

Jeder wahre Glaube wird zum Lichter-Schmaus
so, wie Du verlässt – mit Dir – Dein eigen Haus.

B/3

Wahres Sehen, das ist der Tag

Mein Vermächtnis

Es kam der Tag
da waren meine Hände: Sonnen.
Dunkelheit verfärbte den Ertrag
die Wörter mir mit Lust und Wonnen.

Augen funkelten in meinem Blut
das Selbst erkannt zu haben.
Alle Schatten dieser Welt sind auf der Hut
im Sonnenangesicht die reinsten Gaben

im Widerschein: Verbrüderung des Sein.
Das Gehen aus dem Selbst muss
neu belebt dem Blute Auge geben

damit das Antlitz, wenn auch winzig klein
erkennen kann im tiefsten Guss:
Menschen – denkend, handelnd – zu erleben.

B/4

... 1 + Eins = Zahl und 1 Wort

Ich weiß, dass ich glaube.
Außerdem glaube ich zu wissen.
Auf meiner Hand die weiße Taube.
Möchte ihr Lächeln nimmer missen.

Zu glauben ist vernommene Einheit.
Im Sinnen spürt der tiefste Untergrund
die Tore nicht öffnen zu können. Es ist an der Zeit:
Plagiate gebären sich als Wort im Mund.

Von der Vielheit, dem Worte Leben
betöre ich den Selbstbetrug, das WAHRE
an der Reling zu entäußern. Über Bord

im Wellengetöse, vernünftiges Streben
als Gerüst zu planen für die Wechseljahre
zu wissen: Vielheit und Einheit = 1 Wort

B/5

Ich atme ein
den Kosmos, der
in Mustern klein
das Formenmeer in schwer

zu ahnenden Formen
mir in die Wiege gelegt.
Außerhalb aller Normen
Laub sich auf meine Blätter legt

weiß, im lichten Kleide
glatt und seidig.
Mein Auge öffnet, rein

in das große Licht zum Eide:
die Welt geschmeidig
als Form im Selbst zu befrei'n.

B/6

Mein Atem

Ich atme ein das Ich
als Massewörtchen: Leben!
Und die Etappe fügte sich
dem Odem still den einen Kurs zu weben

der mich am Leben hält.
Im Allgemeinen irrt dies Pünktchen
Atem-Automatik, das, was mir gefällt
ein liebes Dasein-Fünkchen

das die Parallele: ich gesteh
als Objekt nur das Spiegelbild
dem Subjekt meine Feder leiht

damit im allgemeinen Weh
Innen und Außen – das Schild –
dem Selbst das Atmen weiht.

B/7

Wogen, Wellen … Sein und Zeit!

Ich glaube zu wissen.
Am Rande der Galaxis
das Sternenbanner zu hissen
aus der gegebenen Praxis

gleich der Milchstraßen-Galeere
das Brot dem Selbst zu überlassen
in der nächtlichen Hemisphäre
Glauben im Wissen zu erfassen.

Dem tiefsten Sinnen vom Meinen
der Sturheit Licht erlegen
dem Wissen sein Eigen zu zeigen.

Ich weiß, ich glaube dem Reinen
das weiß ich von mir – verwegen.
Mein Wissen sei der Musen Reigen!

Teil drei

Subjekt/Objekt

»Erwarte das Unerwartete, sonst wirst du es nicht finden!« Heraklit!

Ich = Ich, so formulierte Fichte den seinen Schritt – sich in sich zu verstehen. »Erwarte das Unerwartete, sonst wirst du es nicht finden.« So gab sich Heraklit in die Fänge der Sirenen-Gesänge und floh in die Einsamkeit, seine Epigramme zu emanzipieren.

Schau ich, Subjekt, über die Schultern meiner Zweiheit – Ich = Ich, dann erwacht in mir die Parole übers Wasser zu gehen: zu verstehen! Ich schaue jetzt auf das Objekt – Ich – und bemerkte, es ist dies lediglich ein auf Sand gebautes Zeichen: ein Wort.

So wartete ich, und was geschah? Das Zeichen gab mir das Wort zurück, und da war ich, vom Worte gegeben, selbst nur ein Mal, eine Nummer, eine Zahl!

Komme ich als Subjekt aus dem Worte zurück, dann sehe ich das Unerwartete, das sich bekleidete Wort: Subjekt. Füße und Hände gebunden, aber gefunden ist die breite Sicht des Nichtgefundenen ›Sub-/Objekt‹ Verstehen, auf das Unerwartete zu zugehen.

Ich schaute nicht …
Stille stand ich …
und ich fand! …

C/1

Es bleiben Zeichen

Ich halte ein.
Mein Atem ruht
wenn auch der Welt Latein
mir nimmt den Mut.

In dieser Stille meine Zeiten
zu umrunden, mein »amor fati«
im Selbst zu gesunden. In Weiten
die Ferne als Diplomatie

in Selbstachtung des Philosophen
Objekt und Subjekt zu gestalten.
Ich gleich Ich, so Fichte im Tönen

Objekt sind die fassbaren Dinge! Im Ofen
des Daseins als Materie verwalten
das Bewusstsein – als Ich mit Ich – zu verwöhnen.

C/2

Es blieb die Zahl

Objekt ist, ganz allgemein, Ergänzung:
in der Grammatik im Satze: Teil.
Im Begriff der mannigfaltigen Abgrenzung
einer gegebenen Anschauung, Keil

geworden, ein Abriss der Verwaltung
das Subjekt im Außen zu beleben
die Ich zu Ich Gestaltung
in der Besinnung hinauf zu heben:

nicht nur Wort zu sein.
In dem Sinne Teil zu werden
wie das ABC! Allein als Zeichen

– der Andere – im Wort allein
ist Aussage Teilobjekt, Bestand der Herden –
Ich bei Ich: Wörterleichen!

C/3

Subjekt/Objekt

Subjekt bin ich als Wahrnehmender Satz-
Gegenstand. Denkrichtung macht dem Sub-
jekt für die Erkenntnis Platz.
Die Geltung im Benennen als Hub

den Motor zu erkennen. Die Ichbezogenheit
subjektiv in Grenzen zu geleiten.
Hauptwort als Träger der Langläufigkeit:
Gefühle in Zeilen einzuleiten.

Das erkennende Ich, als Inbegriff
der Erkenntnisfunktion, auszuloten!
Bei Kant das Einzel-Ich, die frei gedachte

Bewusstheit einzuläuten, als Pfiff
dem auffassenden Geist als Boten
zu gestalten, als das tiefst Vermachte.

C/4

Jeder Versuch hat seinen Wert

Aus dem Anderssein
dem trüben Menschgedanken
formt sich das Wort allein
in all den Schranken

die den Umstand: Nichtverstehen
in den Tag hineingebärt.
Subjekt – Ich – ein Wort – im Gehen
wird als Wahrheit eingefärbt

auf der Strecke dieses Zeichen Ich zu sehen
flog ein schwarzer Vogel – es – in die Nacht
um im tiefsten Verlangen

das am Seile gedrosselte Vergehen
in der Stille – im Willen zur Macht –
als Plagiat – Wort – die Wahrheit einzufangen.

C/5

Ich sagte ich!
Nochmals dieses Geschehen
dieses tiefste Plagiat in sich
das zweite Ich – im Wort – zu verstehen.

In den Händen hielt ich das Verlangen
einfach einem Lächeln zu folgen – dem Sinn.
Aber? Im Zweiten (2.) Ich war ich gefangen.
Vom Außen fragte das Unbekannte: »Wer bin ich?«

So ging das Wort im Wort verloren.
Trübsinnig umfing der Seele Gemüt
aus dem Ich = Ich heraus, dieses ich bin

in eine Einheit des Objekts einzubinden. Erkoren
lag das Gedachte am Boden. Das Geblüt:
ein vereinzeltes Wort. Verloren der Sinn!

C/6

... es blieben neue Kreise: Punkt an Punkt ...

Wenn ich so ganz unbefangen
alle Straßen dieser Einigkeit gewollt
– in die Seele Objekt zu gelangen –
fragt das Du, das am Mauer-Ende schmollt.

Wo das Ich im Seelengeben nur Plagiat
das Ich im Ich befreit! Dort
beginnet erst das Leben ganz akkurat
die Seele aufzulösen: und das im Wort.

Aber, sprach das Du in mir, der Andere
wo war das wortlose, mir unbekannte Ich
das in aller Stille dem Objekt die Möglichkeit gewährt

einzufädeln das Gedachte? So wandere
ich zurück – von Wort zu Wort – an sich
eine Diallele, ein Kreislauf der's in sich gebärt.

C/7

In dieser Stimmlage fand das Kind
den Segen – ich – zu sagen.
Geburten singen im Tageslicht – geschwind
zum Choral das kindliche Fragen.

Wo bin ich, wenn der Schlaf mich überfällt?
Da kam das zweite Ich zur Hilfe
und im Raume da gebar diese Welt
als eine Einheit aus des Baches Schilfe

ein Gurgeln, monoton, und doch so königlich
wie das Morgenlied dem Gähnen nah
dies wundersame Tag- und Nachtgestalten:

Ich = Ich als EINES zu verwalten, abendlich.
So der Tag als Wunder – Einheit – sich besah:
wie Tag und Traum – die Jungen wie die Alten.

Teil 4

Affe/Mensch

Heraklit sagt: *»Du kannst nicht zweimal in denselben Fluss steigen!«*

Doch wenn ich die Menschheit teilweise betrachte, dann entwickeln sie sich zum Affen zurück: derselbe Fluss!

Gen auf Gen wurde über Jahrhunderte über Bord geworfen, durch Kampf mit dem Affen, an sich. Was kam heraus: ein Oberaffe, er, der Werkzeug benutzte, das zottige Fell ablegte, da er nicht mehr auf Bäumen hin und her turnen musste, um sich mit Nahrung zu versorgen.

Aus der Höhle wurde längst ein Heim. Und die Bäume wurden zu lebensspendenden Früchteträgern.

Zuerst waren es Überwürfe aus Fell, um sich vor Kälte zu schützen. Daraus hervor entstand dann die Kleidung – wärmegebend zuerst! Heute ist's ein Aushängeschild, Namen nach außen zu gebären: Zeichen!

Man erfand den Speer, um Kleinsttiere zu töten, und grillte sie am offenen Feuer als Nahrungsquell! Dann kam der Kamin in der gebauten Hütte. Haustiere, Ackerbau, bis zum heutigen Tage, diese Wanderung über Jahrhunderte sich vollzog: Was entstand?

Da riefen Einzelne im Lokal: »Der Mensch!«

In Deutschland gab es dann Teilabschnitte, die man mit dem Namen »Das Land der Dichter und Denker« ausrief. Und heute verwehrt die Kanzlerin der meinen Muttersprache DEUTSCH, sie als Landessprache zu deklarieren.

Gehe ich diesen großen Schritt zurück: Affe zu sein: geistig zeitlich usf., dann bin ich – im Grunde zeitversetzt in diesem Land zeitlich der Ur-Ur-Ahnen, da wähle ich dieses Grunzen, ihren Verständigungsapparat einmal, vorausdatiert auf den heutigen Tag.

»Was dann?«, fragte ungeduldig der Nebenmann auf dem Marktplatz, den Sokrates einst als Bühne seiner Liebe zur Wahrheit auserwählte. »Was dann?«, fragte mein Nachbar mich, am gestrigen Tag! Die Sonne begann ihr Lächeln so ganz allmählich auf das Grün der Pflanzenwelt auszubreiten! Da fragte ich ganz nebenbei, ob er oder die Anderen, Herumstehenden, ob sie sich an F. Nietzsche erinnern könnten? Leichtes Kopfschütteln war die flüchtige Antwort.

»Warum fragen Sie?«, so einer dieser Marktanwesenden denen der Seiltänzer auf dem Markplatz zurief: »Gott ist tot! Ihr und ich haben ihn getötet.«

»Was soll das werden, was wollen Sie uns damit sagen!« Und ich begann: Diese Affen damals, im Aufbruch zur Menschwerdung (unwissenschaftlich), war da nicht dieser Gedanke schon vor Ort? »Umwertung aller Dinge – Übermensch!« (Überaffe, in dem Sinne?) usw.? Nur, es gab unsere Muttersprache noch nicht.

»Was soll das?«, fragte brüskiert ein Tätowierter mit Nasenring, und Goldkettchen um den Hals gelegt.

Damals war für den Affen der aufrecht sich entwickelnde Gang, die erste der vielen Umwertungen, die wir als diese Spezies Affe … Mensch durchliefen!

Blitz und Donner war noch, vielleicht, das, was wir in den Urzeiten – die Sonne – z. B. als Gott anbeteten? Und in der Sonnenfinsternis die Mächte auf damalige Weise anflehten, dass sie uns am Leben lassen möchten. »Was wollen Sie uns damit sagen?«, fragte zynisch eine Frau, Narben der Schönheits-OPs im Antlitz. »Was soll das Gewäsch?« Die Suche nach Übermensch, Umwertung aller Werte usw., nach Götzen, Göttern und dem christlichen Gott, sie zieht sich wie ein Fragezeichen durch die gesamte Entstehungsgeschichte: Affe/Mensch!

»Was soll das alles?«, fragte die Madame weiter! »Aus dem Affen wurde der Mensch, das war vor 2 000 Jahren z. B.: da durch die göttliche Befruchtung einer Jungfrau Gottes Sohn geboren wurde. So die folgenden Schriften. Selbst der Gott Zeus schlüpfte durch die Gitterstäbe des Gefängnisses, um seine Angebetete zu schwängern.

Was hat das alles mit dem heutigen Geschehen zu tun?«, fragte boshaft ein umstehender Priester. »Das ist Gotteslästerung!« Aber Gott ist tot, so sagte F. Nietzsche um 1900 und starb in geistiger Umnachtung!

»Kommen Sie endlich auf den Punkt«, kreischte ein sogenannter Emanzipierter in die Runde, um seine Anwesenheit kund zu tun.

Und ich begann: Heute stehen wir vor dem großen Problem, wie vormals alle vorgängigen Generationen, bis hin zum Affen zurück.

Auch heute sind wir wieder auf der Suche nach einem neuen Übermenschen, ein anderes Volk erwartet einen neuen Messias, und andere Völker meinen im Sozialismus, Kommunismus, Kapitalismus die Umwertung aller Dinge vollziehen zu können.

Heraklit meinte damals: »Viele begreifen nicht, was sie selbst in den Händen halten.«

Johann G. Seume (1763–1809) bekannte sich offener zu diesem Problem: Aus »Mein Sommer«: »Der Mensch braucht durchaus nichts als sich selbst, um Wahrheit zu sehen, nichts als seine eigene Kraft, um ihr zu folgen, und seinen Mut, um dadurch soviel Glückseligkeit zu erlangen, als seine Natur ihm gewähren kann.«

»Kommen Sie endlich auf den Punkt«, schrien die Marktbesucher im Chor. Und ich begann aufs Neue meinen Atem zu reinigen: Massewörter, Plagiate, in das Volk hineinzuwerfen, in der Hoffnung, EINER wäre dabei, die Masse Wort in die

Einzelteile der Offenheit einzugliedern, versucht man, über den Austausch der Sprache von Masse auf Einheit zu stoßen.

Aber was kann ich von der Masse, nicht der einzelnen Wesen, sondern von der Masse – Markt – verlangen? Ein Affe rief – grunzend – seht her, ich bin ein Überaffe, ich gehe aufrecht. Ein anderer rief: Ich bin der Übermensch, ich bin der Sonnengott. Ein anderer sprach: Ich bin Gottes Sohn … der Übermensch ist überwunden.

Meine Begriffe füllten Raum und Zeit. Dann gab es noch diese selbsternannten Götter – z. B. Cäsar, Politiker – Machtbesessene, die im Sinne ihres Gottes morden, töten usf.!

Heidegger schrieb: »Sein und Zeit ist nicht definierbar!« Er schrieb dann genau mit diesen Wörtern sein Buch: »Sein und Zeit!«, wie Nietzsche mit seinem »Jenseits von Gut und Böse!« Sie alle suchen im Grunde in ihrem Sein, in ihrem Gut und Böse weiter nach der Umwertung aller Dinge/Werte.

Und das Volk? Es glaubt zu wissen, indem sie diese Ausuferungen von Sein und Zeit – Gut und Böse usw. annehmen, um ihr Leben unangreifbar zu fristen. Und die Kirchen predigen weiter: »Zeugt, zeugt!« Wir wollen unsere wahre Religion in jene Macht umsetzen – nicht das Leben zu achten – nein, mächtig selbst zu sein, das wahre Göttliche allein erkannt zu haben.

Das bedeutet Krieg – Mord und Totschlag! »Gott ist tot«, und sie bauen ihre neuen Götter auf. Alkohol, Rauschgift, Sozialismus, Kommunismus, Kapitalismus, Spielsucht, alle sie, diese Auswüchse gehören mit zum Ausbluten des Geistes: Mensch.

Übermensch? Ein Wort, eine Zeitfolge, eine Fata Morgana, eine durch Luftspiegelung verursachte Sinnestäuschung, so das Urteil der meinen Muttersprache 2018!

Sokrates sagte 2 000 Jahre vordem: »Ich weiß, dass ich nichts weiß«, und hielt der Luftspiegelung ein Tuch vors Antlitz der Sonne. Was geschah? Sand in der Wüste blieb Sand und? »Gott ist tot« ist nur eine dieser Spiegelungen, im Worte Nihilismus einen neuen Gott zu formen. Diese Menschen werden selbst diese Übermenschen, die die Sinnwertung aller proklamieren …, denn der einfache Mensch, dem man in Jahrhunderten Götzen und Götter einbläute wie eine künstliche Befruchtung, sie leben mit diesen Aussagen, die ihnen von Kindesbeinen an eingeprägt, eingeprügelt wurden – weiter! Manche schaffen es, und sie finden zum Menschen zurück, andere driften ab und versinken im Morast, der Massen, die keine höhere Stufe der Göttlichkeit gefunden haben. Aber? Sein ist nicht definierbar, auch nicht, wenn ich diesen Begriff in die Negation der Mathematik eingliedere, um dort Nichtbegriffe – Nichts – Nihilismus usw., in neue Götter umwandle.

Für mich ist der der Übermensch, der mit mir den Affen überwand. Umwertung aller Werte bedeutet nämlich nicht, das alte Wortportal auszulöschen, nein, denn ohne die alten Werte – rückblickend, wären wir heute nicht diese Ober-Affen, denen wir erhaben den Namen Mensch gaben. In diesem Sinne ist dieses Nihil = Nichts nur ein Massewort, um nicht ins Nirwana abzudriften, nur um dort einen Begriff auszurufen, der den Vorfahr Affe ausschließt.

Die Blätter an den Bäumen welken. Der Winter kündigt an sein kaltes Weiß. Und ich? Ich sitze am Fenster und male mir in Gedanken die weiße Wand mit Blumen des Frühlings aus. Jetzt bin ich für mich gedanklich nicht Affe, sondern zwar klein, aber ein (1) Mensch!

Teil vier (1–7)

1

Blattlos, mein Wort

Meine Stille so laut wie Kesseltreiben
Hexenjagd.
So trage ich mein Kleid in Scheiben
vor, wie eine Magd

die vor der Herrschaft Glorie
Mensch zu sein
erniedrigt sich, um nicht wie Vieh
im Sklaven-Latein

im Ur-Jargon noch immer Affe zu sein.
So ging ich hin; betrogen
von Zeit und Raum.

Wir übersprangen eine Hand aus Stein:
Partikel, jene Sprossen, nicht gelogen.
Ich sitze immer noch auf meinem Baum.

2

Affe/Mensch

Das Licht der Straße schreit:
»Seid auf der Hut!«
Meine Stille ist bereit
den meinen Atem wieder gut

per Hand aufzunehmen.
Den Affen entthronen.
Der menschlichen Gräuel sich zu schämen:
so das Natur-Gesetz: IKONEN.

Doch es blieb der Mensch, der besonnen
im Latein-Trapez
Kampagnen, göttliche Wunder:

»Erwarte das Unerwartete, sonst wirst Du
es nicht finden.«* Das Subjekt/Objekt-Gesetz:
Mensch und Affe doch nur Plunder?

---

*   Heralklit

3

Affe, ein uraltes Plagiat

Am Bord mein Wort
das alle Stille umtoset
– meinen wortlosen Akkord –
die Hand, die friedlich kosend

wenn in der Welt die Mächte wüten.
Dann atme ich aus: besonnt.
Atom-Müll versende ich in Plastik-Tüten:
beblümt, die kindliche Front.

Ich atme ein.
Ich atme aus.
So beginnt

der Märchen Latein:
des Lebens – Affenhaus.
Das Wort in der Vielheit zerrinnt.

4

Der Züchter weihte dem Licht eine Kerze

Zum Lichtbogen der Lüste aufgestiegen
flog mein Wort, engelgleich
in Weiß gefiedert, dem All nicht zu unterliegen
das Maß der Dinge – zart und weich –

ins weiße Federreich der Weltgeburt.
Das Ei des Kolumbus
dir auf den Tisch zu stellen. Die Furt
Geburt – Affe/Mensch als Kuss

der Genmanipulation der Natur
dem Licht der Nacht zu unterwerfen?
Du kochtest das Ei – das Ovale –

und klickertest es bums auf den Tisch. Nur?
es stand zwar, wettbedingt, um zu entnerven:
das Bilderlicht in der Kathedrale.

5

... Atommüll/Natur ...

Noch wachsen mir ein paar Haare auf der Brust.
Ob das der Rest vom Affen war, der mir blieb?
Als Kind hockte ich gern auf Bäumen, mit Lust
ist das die Rückschau, zum Affen der Trieb?

Da las ich ein Buch, und ich sah das Grunzen
der Paviane im Zoo, sich um Futter zu streiten.
Ich zählte im Geldbeutel meine Unzen
und wollte als Mensch der Wege schreiten.

Da fragte ich mich, könnte es sein, dass
der Affe immer noch in uns wütet
das Leben aus dem Affeneinerlei zu gestalten?

Da schlug ein – der Blitz – in einen Baum. Ich vergaß
das eingetütete Atom, das wohlbehütet
im Menschengeiste sei es menschlich zu verwalten.

6

Was wäre gewesen, wenn ein anderes Wesen
jene Gene verloren
sie, die uns zum Menschen machten? Lesen
kann ich viele Autoren

die im Äther das Licht zu klonen: die Weichen
zur Gottesanbeterin, dieses Vieh
das seinen Liebhaber verspeist. Leichen
pflastern ihren Weg. Gleich einer Hostie

bebildere ich den Versuch: Elefanten
in Mensch umzuwandeln? Papageien
oder Schlangen giftig, wie Kobras allemal

dann wäre ich verloren zwischen den Wanten
der Unförmigkeit. Man möge es mir verzeihen
manches Mal ist der Affe – so – mir keine Qual.

7

Seltsame Wege ging ich oft

Der Affe zog seinen Hut!
Und der Nachbar sagte: »Oh wie menschlich!«
Das machte dem Wesen Mut
er fühlte sich bananeessend königlich.

Da begann ich zu zweifeln: Er oder ich
ein Gen-Paar der Natur?
Horror befiel mich:
ich ein Affe nur?

Da begann ein seltsames Funken
die meinen Hände zu weiten
gab mich nüchtern: wohlbehütet

ein in diese Stille, um zu unken
Mensch-Affe? Und bei Zeiten
sehe ich heute die Welt: betütet!

Teil 5

Wort und Zahl

»Was sich entgegensetzt, bringt Nutzen!«, so Heraklit.

Komme ich aber auf die Muttersprache zu sprechen, dann denke ich ganz spontan an Euklid nicht vorbei:

»Einheit ist, wonach jedes Ding EINES genannt wird!«
»Zahl ist die Einheit der zusammengesetzten Menge!«
Und Humboldt sagte: … »dass Sprache nicht etwas Selbstverständliches ist, sondern eines der größten Geheimnisse und Wunder des Menschenlebens.«
Wie die beiden Aussagen zusammenfinden sollen? Ich möchte meinen Gedanken freien Lauf lassen, um all die Hintergründe dieses Wunders (nicht nur meiner Muttersprache, sondern weltweit) ins Licht zu senden.

Nehme ich, angenommen die Sprache als Dingeinheit, so betrifft das jedes Wort als EINES. Und? Jedes Wort hat zahlenmäßig so viele Einheiten, gebündelt, wie es Menschen auf der Welt gibt: Das wäre grob gesehen Wort und Zahl! Dann kommen noch all die Zwischenschritte, die in jedem Wort unendlich enthalten sind, sie fordern das Nachfragen, um die Zahl (die Masse von Unterbegriffen) in Einheit, z. B. Liebe, Hass, Glaube, Wissen usw., herauszuarbeiten. Das, was in meinen, deinen, Zellen alles umgewandelt als Wort über deine Lippen kommt, ist nur ein Plagiat: Masse – Zahl!

Das Wunder der Sprache liegt alleine im Erkennen, diese Möglichkeiten zu erwägen, um in den hin und her geworfenen Diallelen aus diesen Kreisgegebenheiten – Wort – zu erkennen, dass 100 % (als Zahl) dieses Wortes des Anderen nicht erfüllt werden kann.

Nach langem Kreuzen der Klingen:»Was sich entgegensetzt, bringt Nutzen«, da beginnt aufgelöst das Wort zurückgedreht das eigentliche Wunder Sprache: verstanden zu haben!

Sokrates sagte:»Ich weiß, dass ich nichts weiß«, und er drückte gerade in dem Moment das Wissen um dieses Wunder – Verstehen – aus. Wir lächeln uns an, geben uns die Hände und sagen:»Ich habe dich verstanden!«

Das ist zwar eine Lüge, aus der Sache heraus, aber es gibt außerhalb der Begriffe jenes Verstehen, das alle Wörter aushebelt. Dieses Wissen, um das Wunder Sprache insgesamt –Nichtwissen – in dem Moment als Wissen einzuordnen.

»Eine wundervolle Harmonie entsteht, wenn wir das scheinbar Unverknüpfte in Verbindung bringen.« So formuliere ich mich mit Heraklit in eine Gemeinsamkeit des Verstehens hinein, das Wort und Zahl in Einklang bringt.

Heraklit meint:»Wenn alles, was ist, zu Rauch würde, könnte die Nase noch die Unterschiede riechen!«

Noch ein Sinn mehr wird eingesetzt, um Wort und Zahl zu durchleuchten. Setze ich alle Sinne ein, dann bildet diese Gesamtheit nur ein winziges Teilchen des Verstehens, was dieses Wunder – Muttersprache – durch Väter und Mütter durch Generationen uns aufgetan.

Im Grunde ist jedes Wort, von Anfang bis Ende, der Inhalt der Geschichte – ›Menschgeworden‹ – im Sein. Ginge ich noch tiefer ein, ich flöge am eigentlichen menschlichen Wert – Allgemeinverstehen – Friede und Krieg: zum Durchleuchten der Philosophie, Geschichte nicht nur des meines Volkes – Deutschland – vorbei.

Johann Gottfried Seume (1763–1810) sagte – um für mich einen Abschluss zu finden:»Eine gute Tat, wenn sie wirklich die Probe hält, ist besser als Millionen guter Worte; aber manches Mal ist das Wort die Tat selbst, und dann hat es hohen Wert!« So könnte ich unzählige – Worte, Zahlen und andere – Gegebenheiten, Mensch – einfügen, um das Wunder Muttersprache zu dem heraufzubeschwören, was dieser Schatz birgt – Mensch geworden zu sein.

Ich habe das Grunzen und Pöbeln, das dem Affen ganz alltäglich, eingestellt. Und auf die Bäume zu klettern? Mein Alter rät ab davon, obwohl ich das Grün dieser Riesen immer noch liebe.

Menschsein hat mit Mensch einfach schon lange nichts mehr zu tun: Nihilismus ist lediglich eine Ausrede … kein Wort.

1

Mancher Weg ist Zahl:
gegeben.
Mancher Platz ist Qual:
sich zu bewegen.

Dann öffnet sich das große Rund
die Allgemeinheit ist erwacht.
Als Subjekt gebe ich dem Objekt kund
die Öffnung ist erbracht

wieder Sehen zu erlernen.
Auf Wörtern, nicht auf Zahlen, auszuruh'n
damit das Licht die Dunkelheit erhelle

selbst aus weitesten Fernen
das menschlich Größte sich zu tun:
Muttersprache – dieses Wunder – meine Quelle!

2

Das Meer ist längst verseucht

Auf dem Mist
die Hähne krähen
damit man nicht vergisst
Menschen zu erwähnen.

Doch die Tage wurden länger
denn der Sommer kurz, geboren
gleitet durch das All, wie ein Sänger
der im Licht erkoren

diese Stunden – Weckgesang
seinem neuen Sehen weiht.
Zu entrichten, das behütete

Abendrot: der Tage Zwang
mit all seiner Einigkeit
das in – Plastik – Getütete!

3

Auf der Allee der tausend Sterne
Milchstraßen – Blick-Kontakt.
Diese Meile entfernt; so endlos Ferne
schloss mit mir den großen Pakt

zu sehen, im Unverstehen
die Lichter zu löschen. Die Augen geschlossen
so empfand ich in der Dunkelheit das Sehen
als der Meinung seltsamste Possen

geschloss'nen Auges Lichter zu zählen.
Wie weit ich kam? Bis EINS.
Da schloss sich das Wort und wurde weit:

eine Hand, die mir im Wählen
der Dunkelheit den Abendschein
gebar zu meinem Lichte: ZEIT!

4

Johannes R. Becher: (S. 203)
»Muttersprache: Dein Wort hat mich einst in den Schlaf
gesungen
liebkosend mich, ein zarter Muttermund.
Durch viele Wände ist Dein Wort gedrungen
als ein Geflüster, heimlich und vertraut!«

***

Muttersprache

Ich zähl die Wörter nicht, die mir geblieben
als ich zur DDR-Zeit noch ein Stipendium bekam.
Das Johannes-R.-Becher-Institut, dort schrieben
sich Menschen ein, und ich gab mich hin ohne Scham

trotz heimischer Hetze ein Verräter und Spion
zu sein. Ich zählte die Menschen: Sie waren Zahl.
Der Mensch an sich blieb ohne Kollision:
somit war ich einziger BRD-Student, als Wahl

mich mit Menschen in POESIE, Literatur
zu messen, außerhalb von Zahl und Wort
das große X im Almanach der DDR-Kultur

mich, der Uni Leipzig angelehnt, mich mit Bravour
der »Kaderschmiede Deutscher Poeten« vor Ort
zu verinnerlichen: nur Mensch zu sein in meiner Natur!

5

Macht hat anderen Nutzen

»Was sich entgegensetzt
soll Nutzen bringen«,
so sagt im Ego verletzt
im totalen Ringen

Heraklit, und er bricht den Stab
zwischen Krieg im Wort, oder Töten
auf Bedarf, wenn die Macht bergab
im Dunst will erröten.

Das Tagesspiel, Nutzen zu erreichen
bringt diese Taktik an den Tag
den Gegner zu töten auf Geheiß

damit das Entgegensetzen global die Weichen
stellt: Der Nutzen? Ob ich den Boss einmal frag
was der Verlierer winters macht auf dem Eis?

6/A

Soll und Haben – als Kategorie – abgelehnt

Teil zwei ist dem Worte nach
jener Nutzen, geistig geseh'n.
Aber wer traut sich heraus aus dem Fach
die Gegenwehr als Wort-Gefecht zu begeh'n?

Ich gehe mein Leben lang diese Wege
als kleinstes Teilchen der Gesellschaftsschicht
den Gegensatz – die Wahrheit – auf der Stege
zum Nutzen zu führen. Doch das Gewicht

Masse, ob Menschen im Gedränge, untertänig
den Nutzen sehn – die goldene Zahl
auf dem Rund – oder auf dem Schein, als Zoll

der gegeben, dem, der die Scheine verteilt. Panik
bricht aus, und ich wollte doch ohne Töten, die Wahl
der Wahrheit zu ehren Nutzen verbreiten: im Soll!

X/6 B + XXI/7

Kreis – **Aus oder Einklang**

Zu einem neuen ABC-Denken

Das Gewesene wurde WAHRHEIT
Tag: aus – Tag: ein …
die gleiche stete Bitterkeit
im Ich ein Selbst zu sein!

Und die Gedanken – sie schwinden
im Wahren dahin.
Als Jüngling unter den Linden?
Nichts hatt ' ich im Sinn.

Im Alter dann – die Thesen zerronnen –
gebar sich die Wahrheit einfach als ZEIT.
Gut und Böse – sind

in Einheit versponnen.
Ein neues NIHIL steht uns allen bereit
als nackte Wahrheit: ein Kind!

… nur ein neuer Kategorien-Beginn! …

X/6 C

Ende als ein neuer Beginn
Massearmut Sprache? Nimm ständig neu auf die Zügel!

Sprach-Unmündigkeit ist eine Armut
der verletzbarsten Art, sich selbst nicht zu gehören.
Einen Anfang im Ende – Kreis mit Hut
der Kopfbedeckung Mut nicht zu stören.

Der Anfang eines Kreises ist das Laufrad: SEHEN.
Als Beginn ist stets der Einstieg ins Karussell
zu wagen. Punkt für Punkt das Verstehen
einzutragen, sonst endet Dir sehr schnell

die Diallele, den Ringlauf der Gedanken
nimmer mehr einzufangen.
Darum ist der erste Gang stets ein Sprung

in die Welt des Trubels, ohne Schranken
im Wort – in das Selbst – hinein zu gelangen.
Die Endung sei Dir dann: Deine sprachliche Fügung!

X/6 D

An Heraklit

Diese Seite ist zum Luftholen gedacht
dort, wo Anfang und Ende
sich treffen im JETZT. Wer dort lacht
ist im Kreise in der Wende

auf jener Bahn
wo die Zeit
den Raum als Weisheitszahn
gezogen, einen neuen Anfang weiht.

Heraklit, der »Dunkle« war in mir erhellt
als jenes Wort, die Vielheit zu bannen
in der Einheit von Sein und Zeit ...

und vor dem leeren Fressnapf bellt
der herrenlose Hund – im Schauen
dem Wort verbunden: Kreis = Ewigkeit.

***

Hier öffnet sich meine Parallele
gehorcht meinem Befehle
des meines Wortes Gewalt
An dieser Stelle mein: HALT!

... um im Kreis
mein Wort nicht zu gefährden!

7

Nutzen

In der Arena, wo sich Wahrheit und Nutzen
als Gelüste treffen – siegen zu wollen –
dort geht man lieber Stiefel putzen.
Wollen ist ein Entgegensetzen dem Sollen!

Schon bin ich auf der Straße angelangt
dem Zahlgewand das Wort zu überlassen.
Der Druck von oben, er rankt
das Denken ein, zu lieben und zu hassen.

Die Zahl gab ihm den Rest, zu glauben
dass die Seligkeit im Sternenbauer
ihn befreit. Das Aufschauen in den Abendglimmer

ist bestückt mit weißen gurrenden Tauben.
Sie sind oft die einzigen wahren Beschauer.
Nutzen im Freigeist allein: ist der Seligkeiten Schimmer!

Teil VI

Harmonie/Disharmonie

»Eine wundervolle Harmonie entsteht, wenn wir das scheinbar Unverknüpfte in Verbindung bringen.« – Heraklit –

Manches Chaos ist im Straßenglanz der Gaslaterne
eine wundervolle Geschichte, Geschichten zu ersinnen.

Harmonie und Disharmonie werden zu einem Wort, wenn
man sich in den Schatten stellt und der Sonne das Gesicht
verkleidet.

Beide Seiten lösen sich völlig auf, ist z. B. der Wille zur Macht
im Spiel. Das Gesetz wird gesetzt, ob wahr oder unwahr. Für
den einen war es Mord, für den anderen? Er bekam einen
Orden:
er tötete Unzählige ... Krieg!

Disharmonie kann z. B. im tiefsten Gespräch nie entstehen,
da selbst
die Harmonie im Stellenwert der Sinne – Wort und Zahl – nie
enden kann.

Die Grenze ist eine ungedachte stille Linie, die in dem Raum-
gehäuse
Macht sich gegenübersteht. Man schließt einen Kompromiss,
man einigt sich im Wort, dem Worte ZEIT ...!

Angebracht ist die Zensur, sie möge doch entscheiden –
beim tiefsten Seelenschwur – er oder ich!

Und man entschied sich auf ein Unentschieden; das ist die unverknüpfte Verbindung, die verbunden wurde:
»Was dann?«, fragte der Nachbar.
… Schließe Deine Augen, um zu Sehen! … und er sah!

1

Harmonie ist das Sonnerwachen
wenn der Sturm die Nacht vertrieb.
In den Hecken spürte ich der Raupen Nachen
zu fressen, Blatt an Blatt, es blieb

der nackte Zweig. Er aber schmollte
entblößt dem Morgen entgegen.
Das, was die Sonne einst wollte
sah ich im Schatten der Nacht verwegen

die Nase rümpfen.
Es gebar sich in der Nacktheit der Zweige
aus einem dunklen, grauen Kokon

ein traumhaft Zauberwesen in bunten Strümpfen
– die Flügel buntgefleckt – eine Zaubergeige
flog als Schmetterling im Sonnenlicht davon.

2

Disharmonie ist das Zuckerschlecken
Reime im Licht zu verbrüdern.
Aus dem tiefsten Schatten-Becken
den Alltag still und prüde, gern

ans Tagslicht zu bugsieren.
Da fiel mir ein, Tag und Nacht
bilden Harmonie und Disharmonie
im Zeichen der Allheit der Verstehens-Pracht

das Wort im Wort das Antlitz zu verwehren
damit nicht Zahl an Zahl in Zeichen des Dis
im Moll die Tränen rühren.

Ich brach den Stab im Strome der Schären
dem Fließen im Meer, der Nixen Biss
in Harmonie im Dis sich zu küren ...!

3

Mach dich frei von allen Gegensätzen
sprachen schon vor Christi Geburt
die alten Inder von ihren Schätzen
– dort und weder noch – liegt meine Furt.

Harmonie strömt von des Berges Höh'n
im seichten Gipfelwind ab ins Tal
und doch blieb liegen bei so manchem Föhn
die Disharmonie am Marterpfahl.

Tränen zu trocknen, die im Strome
der Wort-Kombinationen, irreparabel
das ungebrauchte Licht vom Dome
herabzuholen als Ideentadel.

So gesehen blieb die Kategorie bestehen
und Harmonie wird als Wort Dir stets entgehen.

Sonettform – Shakespeare (3 x 4 + 1 Zweizeiler)

4

Dis-Harmonie: Dieses Fleckchen Erde

Ich lasse mich tragen
weit hinaus in die Hemisphäre
um das Geunke der Hierheit zu fragen:
ist es wahr oder nur eine Schimäre

die den Himmel bevölkern mögen?
Das Unverknüpfte am Faden
in Verbindung mit all den Bögen
zu versteh'n als Schnitt der Maden:

das Harmonische im Drall?
In der Endrunden-Schicht zu beginnen!
Wundervolle Harmonie ist auf jeden Fall

zu verweisen, das Ertappte als Karneval
der Tagesordnung zu besingen. In Reimen:
das Unverknüpfte – ein Spiel – mit dem Ball!

5

Harmonie ist Einheit von BEIDEN

Vom Gegensatz befreit
dann gehen Harmonien auf Reisen.
Begaukelter Sinn und Verstand in Zeit
so alle Verbindungen vereisen.

Dem Lichtstrahl, die wundervolle Harmonie
in den Glanz der Verknüpfung einzureihen?
Damit das Verbinden in der Fantasie
das Kreuzchen bei Gut, im Zeichen

der Vielheit – Verbindung – gelinde gesagt
im Zauber der Vereinigung dort postieren?
Das Licht der Erkenntnis nicht lange schaut

vom grünen Klee von der Wiese gejagt.
Jenseits aller Kategorien das Ich zu verführen?
Dort hat das Du zum Ich auf Sand gebaut.

6

Die Fahrt hin und zurück

Hinwegräumen. Der Verschiedenheiten
Ursprung und Wurzel: Harmonie.
Die Fragen, das scheinbar Unverknüpfte beizeiten
einzureihen in die Sprach-Therapie

der Gegensatzgedanken? Wundervoll
ist stets das Nichtgesagte, wenn die Form
dem Schweigen, Gestik, so im Soll
die Harmonie in der Gezeiten-Norm

das Haus erhalten bleibt. Der Rand
der Muttersprache ist erreicht. Ich gebe
all die Stufen her, die Sterne zu ergreifen

wo man das scheinbar unverknüpfte Band
zu einer großen Blumen-Schleife webe
Harmonie mit Glück zu bereifen!

7

Harmonie und Disharmonie

Harmonie ist, so wie ich singe
der Gedanke an die Zeit
auf dass der Text der ganzen Ringe
nicht in Disharmonie sich verschreit

das Tal als Tag zu gestalten!
Und des Berges Gipfel, heldenhaft
als einzig Licht – so vorenthalten
dass Harmonie im Kesseldampf verblasst.

Tal und Bergeshöhen sind in sich
ein Paar und doch im Lichte
Harmonie und Dis-Harmonie zugleich!

Sieht man aber das Licht am Morgen, es wich
der Dunkelheiten Macht. Gedichte
machen »beide« gleichsam reich!

Teil VII

Ich und der Andere
»Ich erfasse mich selbst.« So Heraklit.

In das Licht hinaus trage ich das tägliche Sehen.
Dieses Verdunkeln der Begriffe, Tag und Traum.

Die Umnachtung sich im Du dem Ich zu ergeben erlebe ich in
Tätigkeit, mich nicht zu versteh'n. Da begann das Licht die Tränen
zu trinken, die ich in Anbetracht des Ich, in mir, zum Du, im
nächtlichen Trauergrund das Ich zu versüßen; die Nacht war
bereit.

Ich, und der Andere, dieses Du in mir versenkte das Wort
hinter den Horizont, dort, wo das Auge die Träne nicht spürt:
in der Negation.

So wandle ich geschlossenen Auges durch das Leben. Wasser-
stoff-
Bomben – die Macht – das Ich im Ich das gesamte Weltbild
im eigenen Du zu erhöhen? Lichtgedanken bekrönen das Höl-
lentor.

Davor aber ist der Horizont blitzend im Aderlass der Selbstgei-
ßelung, nur sich selbst zu sehen: die Macht – nicht im Sinne
Heraklits – Krieg dem Geist – als Erneuerung anzubieten!

Diese Suppe löffelt er alleine aus. Ich? Ich erfasse mich selbst,
um der Natur zu verzeih'n: den Tod als gedankliche Geilheit
im ›Weltlichen‹ der Macht zu versteh'n.

Ich? Ein Mensch? Nein ... schon lange nicht mehr! ...

1

»Gott ist tot!« ... der Mensch, er lebt?

Ich und der andere
beginnen gemeinsam diesen Weg
den Affen zu überwinden: ich wandere
hinaus, auf dem wankenden Steg –

den Atem der Erde einzufangen
dort, wo das Gräserspitzengrün
mein seligstes Verlangen
Sehen, als mein tollkühn

innigstes Verstehen
im Ich zu entwurzeln.
Da begann mein Leiden

Menschsein, im Ich und Du, zu sehen
jene Macht sich göttlich zu purzeln
in der Gier sich als Gott zu verkleiden!

2

Im Wort bin ich ›zuhause‹
zwischen all dem Gefühl
das Anderssein zu benennen, in der Klause
den Schatten vom Licht zu trennen. Kühl

das Antlitz dem Wort zu entreißen.
Hunderte – aber – einzuleiten
in das Gestrüpp, zu beißen
Ich und der Andere, als Kleinigkeiten

zu entweih'n. Schon lange
erfasse ich mich im Wort
der Andere zu sein.

Mir wird im Ich oft bange
zu finden – den Menschen – vor Ort:
erfasst ist ein nasskalter Stein.

3

»Es gilt wach zu sein, um die Rätselhaftigkeit des Kosmos
zu verstehen, um die Doppeldeutigkeit dieser Welt, die doch
EINE ist, zu begreifen.«
(Heraklit)

***

Bei aller Wachheit mag mir nur eins gelingen
Doppeldeutigkeit im nächtlichen Kampf
selbst von der Einheit mich fortzubringen
denn auch die Einheit so besehen ist der Wörter Krampf

da diese Einheit selbst als Vielheit nur bestehen kann.
Ewigkeit und JETZT; als Gegenwert
ist die totale Entgleisung, die im Wort zerrann
das mich in meinem Sinnen tiefst beschwert.

So gehe ich in meiner Diallele auf geistige Reisen
sammle das dunkle Laub vom Baum.
Und die Früchte, die mir die Natur gegeben

sind damit da, die Einigkeit zu beweisen?
Die Allheit alleine – wird mir zum Traum
das JETZT im Nicht-Wort in meine Welten einzuweben.

4

»Die Dichtkunst ist daher philosophischer, und der Geschichte
überlegen, da sie das Allgemeine ausdrücken, während die Ge-
schichte sich mit dem Besonderen befasst.« (Aristoteles)

**

Werde ich, in der Umkehrung in der Geschichte
poetisch, bin ich automatisch ein Philosoph?
Ist nicht jedes »Besondere« im Wort-Gewichte
dem überlegen, wer sich anmaßt den Hof

der Geschichte im Besonderen nicht als Masse
versteht? Denn der Poet, bleibt er poetisch gar
schreibt ebenso Wort bei Wort von jener Gasse
in der ein Mensch im Lippenbeben spricht für wahr.

Das Ich ist der Poet
ohne Raum, ohne Zeit.
Die Geschichte erfüllt sich, selbst zu sehen.

Man merkt kaum das Gered'.
Ich bin weder noch, das macht mich bereit
selbst in der Einheit Vielheit einzugestehen.

5

… Wahr und Null eine Einheit fürwahr …

Aufgemuckt wird auch die Null im Vergessen
eine Zahl, das Geschehen zu ahnden
als erfasstes Begehren, alles zu vermessen
um als das göttliche Wesen zu fahnden

nach dem Lichtausgleich das Andere
das Nichtzufassende SEIN
ins Wort hineinzuholen. Also wandere
ich, um mich zu erfassen, ganz klein

am Limit des Erfassbaren auf und ab
dem Selbst einen Namen zu geben.
Oh Wunder, das Genie erfand

ein Gerücht. Wahrheit erklärte dem Stab:
sich zu erfassen. Und ich sah ein, Leben
auch das ein Wort: ich verstand.

6

… Angeleimt …

Das Ich an die Leine gelegt
so erfasse ich mich selbst, ohne Frage!
Gegeben ist das Du, der Andere fegt
leer das Lokal. Das Selbst bleibt eine Sage.

Die Hierheit ertönen zu lassen?
Das Selbst im Ich, und Du als Ermessens-
Frage, an der Tafel vermassen
als Zahl, die im Wort des Vergessens

die Leine ein wenig zu lösen
damit die Seele als Du zu Worte kommen kann!
Die Schleife am Hals – als Verbund –

die Kette selbst je zu erfassen? Im Dösen
nicht sich völlig auflöst, um irgendwann
an der Kette erkannt: Ich ein Kettenhund?

7

Verwunderlich, wie konnte das geschehen
so am Rand des Nichts zu stehen, und?
doch mittendrin das Wahre zu sehen:
es im Unwahr als wahr zu erkennen? Bunt

ist der Hund, was der Volksmund so meint.
Die Diallele aus dem Kreise bannt
hinaus in die Freiheit, um dort vereint
zu sagen – ganz frei – ich habe erkannt

dass das Puzzle in dem sich gehobenen Verstand
wortvergeistigt einreiht – in die Wortlosigkeit –
das All im Auflösen als Zahl zu erkennen.

So gebe ich dem Menschen die Allheit zur Hand
das Fleischliche in den Verstand zu erheben. Streit?
Nein! Wahrheit ist im Grunde nur ein Benennen!

Teil VIII

Weise sein … und weise sein wollen! …

»Wer vieles weiß, ist immer noch nicht weise!«, so Heraklit!

***

»Ich weiß, dass ich nichts weiß«, sprach Sokrates. Und man machte ihn zum weisesten Menschen dieser Erde. Auf den Anrichten der Herrscher-Häuser stehen Blumen in Schüsseln in Schalen in Vasen. Und Gitterzäune grenzen ab Palast und den Balkon, von dem aus das nicht-weise Volk den »Sein Wollenden« die Weisheit im Ansatz verlacht.

Ich gehe an Schlössern, Palästen vorbei, trinke den morgendlichen Tau mir aus dem Wort heraus, um nicht diese Diamantentropfen der Natur aus meinem Innersten zu verbannen. Gelassen gehe ich an Steinwelten unbetauter Dummheiten entlang, um geschlossenen Auges nicht meinen Blick zu entweihen.

Sie beten an die Macht. Weise wollen sie sein! Wollen und Sein, diese menschliche Jacht sticht ständig in See. Und am Ufer stehen die, die das Machtwollen verachten.

Und sie winken dem Balkon ihr Lächeln zu, dem Pferdekutschen-Getrappel hinterdrein: sie selbst weise, auf dem Balkon, im Schloss, im Kronenglanz der Haaresprache König oder Königin zu sein.

»Ich weiß« und das macht mich nicht weise. Nur? Diese Hand voller Erkennen – ohne Schein und Sein – macht mich täglich unwissender als je zuvor!

Da nahm ich meine Hand und ging auf den Balkon! Vor mir im Grund – Rosen, zartes Gräserspitzengrün. Da gab ich mir einen Stoß. Ich könnte bei diesem Anblick – königlich – selbst ein bisschen weise sein.

Nur das Menschsein stellte ich vor das Tor!

1

Wer Vieles weiß
ist noch nicht müde
es richtig sich auf Geheiß
hinein in die stille prüde

Gelassenheit: Mensch zu sein.
Im Gestade
das Ich zu trinken, fiel mir ein:
Alle Zahlen sind nicht Gerade.

Also öffnete ich jegliche Schranken.
Lüftete Gerade und Ungerade
hin in das Luftschloss zu ›denken‹.

Und ich begriff, dass des Schiffes Planken
dem Wasser ausgesetzt die Parade
zu glauben ist: wortlos sich zu beschenken!

2

Weise sein
das sagen nur die Leute!
Weise sein zu wollen ist im Schein
der Bedarf, des Zeichens: Meute!

So verbringe ich mein Wissen
ganz normal –
das Ende im Wort nicht zu missen
ganz fatal.

Vieles ist nicht Ruhekissen
Nachts die Sterne einzuweben
die im Wort ich stets gefunden.

Will ich weise sein? Nein! Missen
möchte ich nicht das innerste Erleben
als – ich bin – im Lichte zu gesunden.

3

Ich weiß einiges: (1) Hand voll
dummer Gedanken! Sie, im Her
und Hin durch der Weisheit Soll
herzulocken – ein selten Begehr:

Weise zu sein. Doch wehe dem
der von sich sagt vieles gar alles zu wissen
dem vergeht der Atem, im – Aber und Wenn –
in Gebärden die Einheit zu vermissen.

Vieles zu wissen ist schon »Land
und Leben« in Einheit sich einzuweben.
Die Gestalt, des Sich-Gebären

Hand und Finger zählend im Gewand
weise sein zu wollen – dort schweben
die Keime – Denken – in unbekannte Sphären.

4

Das Hurra wird immer die Mehrheit sein!

Hurra, ich bin weise:
so vollzog Herr ›Möchtegern‹ sein Wissen
hinaus in die ewige Zeit. Im Kreise
aber begann die Uhr zu ticken, das zu missen

was da Weise sollte sein. »Na, Ich!«
sprach das Genie und berechnete die Unendlichkeit
zum unendlichen Male. Da gebar sich
die Vertrautheit mir, mich zu rügen. Der Streit

ob die Unendlichkeit Viel-Wissen alleine sei
oder das Verstehen »nichts zu wissen«, der Distrikt
den Atem anzuhalten, um das Wollen

und das Sein zu erheben ins Einerlei?
Da sprachen die Faktoren Einhalt im Konflikt
Vielheit in Zahlen zu benennen: Das bleibt Zahl im Sollen.

5

Ich schlafe auf Daunen: im Bett

»Wer vieles weiß, ist immer noch nicht weise.«
Um das als Wahrheit anzuerkennen
der muss die Weisheit durchschritten, im Gleise
der Vielheit Wissen erkannt zu haben, das zu benennen

all das, was nicht zu erkennen ist!
Drum möchte ich im Wollen
dem Sollen Einheit gebieten, sonst vergisst
der Mensch, der Vielheit –Tollen –!

Erkenntnis ist immer nur wortbedingt
Vieles und eines zu gleichen in der Pein:
»Ich bin weise!« sprach ich zu mir.

Doch? Dann besteht schon wieder die Gefahr, es gelingt
dieses Nichtbenennen selbst im Schein
weise sein zu wollen. Und auf dem Nagelbett: der Fakir!

6

... das Maß – Weise – wird zum Markenzeichen ...!

Vorgeführt geht das Wörtchen Weise auf die Reise!
In allen Bildungsbereichen
bis hinein in die Politik. Zum Beweise
stelle ich dem Wörtchen seine Weichen.

Tatbestand, in der Wahlrede kund zu tun
dass die Zukunft nur von seiner Partei ganz weise
zum Ziele der Gerechtigkeit, ganz kommun'
zu brechen ist – fürs Volk – das EISE?

Ganz langsam dieses Eis zu brechen?
Ganz brutal? Womit? Und dann?
Das hatten die Redner stets vergessen

Aber? Das ist dem Volke meist ein Zeichen.
Das Gläschen Weisheit bietet an
sich mit aller Weisheit – Floskeln zu messen!

7

Auch das Benennen
auf den Anhöhen allein
Weisheit zu erkennen
macht die Sicht ins Tal: geheim

das Allgemeine als Weise anzuerkennen.
Also stieg ich vom Berg herab ins Tal
begann mich zu besinnen in dem Rennen
– oben oder unten – ganz banal

das Oberste nach unten zu scennen
das Weise in die wahren Gleise
einzuleiten, den Bahnhof Wort

nicht zu verfehlen. Sonst wäre das Benennen
– vom Worte Weisheit – schon vorbei. Ganz leise
die Einfahrt: Einbahnstraße ist dieser Hort.

TEIL IX

Sinn und Unsinn

»Wenn alles, was ist, zu Rauch würde, könnte die Nase noch immer die Unterschiede riechen!« – Heraklit –

***

Das ist ein (1) Sinn, der die Augen im Sehen nicht ersetzen kann.
Unsinn ist alleine der Sinn, den man sich als Wahrheit zugeteilt im Rauche die Sinne zu beräuchern.
Kann ich die Hand im Rauch noch spüren? Ja!
Kann ich den Geschmack im Unsinn noch erahnen? Ja!
Alle Sinne zum Rauch erhoben soll so den Unsinn loben, der den Sinn in der Nase Geäst als Wahrheit entlässt.
So gesehen ist jeder Rauch das Vergehen von Tatbeständen, sie aufzulösen in das Grau des Wortes hinaus.
Der Bestand wird unausgesprochen zum Plagiat, sämtliche Sinne, die anderen, im Rauch zu verwässern.
Denn ohne all die Neuronen, die bindenden Kleinen, die Wunder der Vielheit und Einheit zugleich, hebt diese Kategorie verraucht ins Nasale hinauf und glitzert das Wörtchen Nase in die Masse – Sinne – ein,
alleine stets im Unsinn zu sein!

… deshalb überall auch der Rauch! …

1

In jedem Unsinn ist auch ein (1) Sinn.

»Wenn alles, was ist, zu Rauch würde, könnte die Nase noch immer die Unterschiede riechen.« – Heraklit –

***

Diese Parabel der Kategorie
die Kegelschnitte einzudämmen
in eine Gleichnisrede, so, wie
das Licht der Sterne mit Nacht zu überschwemmen.

Damit ist mir und dem Kegel nicht gedient.
Para heißt bei und neben.
Die Parade ist prunkvoll vermint
aus dem Nehmen wurd' ein Geben!

Sinn und Unsinn
lösten sich zuhauf
in Gestalten von Lichtgeburten

hin zum ständigen Beginn.
Sie nehmen das Wort in Kauf:
Kategorien als Unwort zu umgurten.

2

Es roch nach Meer
und es war nur das Salz in der Suppe.
Ich gebar bei all dem Verzehr
den Schmetterling aus dem Grau der Puppe

in das Licht hinaus: Ich sah Dich.
Welchen Sinnen ich mir auch gab
das Farbenmeer unterm Strich:
der Sinne geliehener Regenbogen-Stab

sich hin und her bewegte.
Der Unsinn gab sich geschlagen!
Ich besann mich der Reime

die auf Stern und Diamanten ich legte.
Und schon begann das Zeichen zu sagen:
»Besinne Dich auf die Tiefe der Keime.«

3

Rauch ist ein Nebelfädchen
das in der Nacht verflüchtigt sich.
Dunkelheit ist dem im Sinne das Mädchen
das deine Sinne verwirrt. Das Ich

ward Sinn und Unsinn: zugleich.
Gefühle sind dem Verstand zuwider.
Und doch lebt die Flamme im Schattenreich
wenn nicht ein Einziger: zuwider

sie lenkt. Die Kategorie ist gelöst.
Mit Sinnen hinein ins Vehikel: Rauch
als Unsinn zu erkennen

wenn dem Ohre tiefst eingeflößt
Auge und Gefühl: Deinen Bauch
als Rauch zu benennen.

4

Die Sinne schwanden.
Ich sah das Aufbäumen der Blumen im Wind.
Natur, welch ein stilles Versanden
zu gewinnen das Lächeln im Kind

das den Unsinn als Sinn eingebärt.
Trübe läuft der Tag in den Morgen
verflüchtigt den Schmerz – altbewährt –
im Rauch der Kamine zu entsorgen.

Bitterste Kälte. Krankheiten zuhauf.
Das war das Kind im nächtlichen Bogen
der Leuchtreklame, sie vergab dem Sinn

Ängste und Schmach nahm es in Kauf
– das Kind –, das sich selbst befand als betrogen.
Praxis – bitterste Pille – das allein war der Gewinn.

5

So zogen die Jahre den Bogen in Rauch
und Asche dem Sinn und Unsinn entgegen.
Der Jüngling zog den Qualm durch den Bauch
Gefühle im Lied blind und erlegen.

Die Sinne, alle, zu öffnen? Das Sein
um Sehen zu erlernen. Ich zog ein den Kopf
bei der Last zu geben – den Stein –
Kategorien aufzulösen im großen Topf.

Den Unsinn ich so verbannte.
Das Alter nahm die Parade ab
Praxis und Theorie als Leben zu gestalten.

Unsinn im Sinn ich erkannte.
So brach ich die Lanze den bitteren Stab
im Lichten das Innerste zu verwalten.

6

Aufgelöst das Sinnen im Gedachten.
»Der Nase nach«, so plappert der Volksmund seine Reden
in den Tag. Ich müsste im Sinnen verachten
diese Spur mit grimmig Befehden.

Die anderen Sinne, die mir geblieben
treten in dem Moment schweigend auf der Stelle.
Der Gedanken-Trott einem Sinn alles zuzuschieben
hat dem Wort nach nur den Rauch als Welle

zu ersehen. So fehlt die Hand, im Geben
dass jener Tropfen Tastsinn verloren geht.
Das Augenblinzeln in die Nacht hinaus

trägt dazu bei, dass jene Sinnes-Gaben, Leben
ich zu betiteln vermag. Alle Sinne sind Einheit im Gebet
wenn die Wahrheit Dir baut Heim und Haus …!

7

In den Lustschlössern der Sinne gebärt der Sinn
den meinen ganz abrupt zu verführen.
Überall Feuer zu zünden, um Rauch als Gewinn
der Wahrheitsfindung zu küren.

Rauch als Notnagel – Sehen – zu offerieren?
Nur um hindurchzusehen, der Wahrheit zum Ziel!
Das ist eine Schimäre, einzufrieren
das Gespenst als Wandmalerei! Im Kiel

Den Grundton des Schiffes zu klonen?
Mancher Nebel wird eingesetzt
die restlichen Sinne öffentlich – geheim – zu deuten

da die einfache Norm im Bauchgefühl die Ikonen
zu wahrhaften Göttern erhebt. Und zuletzt?
Werden wir vor Scham im Rauch erröten– in Meuten!

Teil X

Ordnung und Unordnung

»Die schönste Ordnung ist ein wahllos zusammengekehrter
Haufen Kehricht!«
»Was ist, pflegt sich verborgen zu halten!« – Heraklit –

***

Kehricht ist auch das Zusammengesuchte und das endlich ge-
fundene Wort für den Schliff das Wahllose buchstabenweise
zu entschlüsseln. Denn Heraklit sagt: »Was ist, pflegt sich ver-
borgen zu halten.« Und mancher Kehricht ist ein Rätsel, auf-
gegeben, nur um Häufchen zu machen: Stein auf Stein! Lege
ich dazwischen das Mörtelgemisch, die ordnende Hand – Sinn
und Verstand –, dann wird schnell aus jedem Kehricht eine
Wand; sie, die man trennen kann, aber sie ist auch Bestand
daraus ein Haus entstehen zu lassen.
»Was ist, pflegt sich verborgen zu halten.« Mann sollte bei Mau-
ern – Kehricht, die Fenster nicht vergessen, um hinein- oder
hinauszuschauen: soll es ein Häuschen werden. Bei Mauern
nur? Sollten es auch Fenster sein, sonst müsste man um diese
Wände herumlaufen, oder man hält sie klein, damit man hi-
nüberschauen kann.
 Kategorien an sich sind ungebunden: mauerlos!
 Man schaut hinüber und bemerkt sie kaum.
 Sieht man sie nicht im negativen Sinn als Abfall!
 Diesen Kehricht meine ich nicht! … und Heraklit?

Er mauerte die Mauerlöcher zu und machte so seine Rätsel.
Jetzt gehe ich herum steige drüber hinaus
und setze an so auf seine Fenster: Wort an Wort! … mauerlos!

1

Jeder Haufen: auch nur ein (1) Punkt

Ordnung ist doch ganz allein
das Selbst-Befinden.
Die Allmacht Wille zart und fein
den Scherbenhaufen still zu binden.

Wort an Wort
Begriffe finden, die der Wahl
am gepflegten Ort
mögen gelassen ohne Qual

aus dem Haufen heraus, dem Kehraus
ein Öffnen der Gesänge
anzuklingen, jener Ordnung zu fronen.

Dem Kehricht bleibt die Wahl, im Haus
meine Zeichen in völliger Länge
als Licht zu vertonen.

2

Verborgen ist das Sich-Gestalten.
Aufgehoben ist das Sehen in der Zeit
der »Bestürzten-Kehricht-Falten«
in denen der Geist sich selbst befreit.

Im Lichtverschenken liegt der Kehricht-Haufen:
Müll, der Boden und Erde ziert!
Man sollte bewusst einen Besen kaufen
und einen Sack, der auffängt ungeniert

was die Straße gebären lässt.
Im Dunklen die Ordnung als seine anzugeben
– das allgemeine kahle Baumgerüst –

das blattbefreit, wahllos im Geäst
neue Blätter verteilt. In meinem Leben
blieb ich von den Musen ungeküsst.

3

Jede Unordnung kann mir Ordnung sein.
Sonst falle ich auf Ordnung nicht herein. Das soll
die schönste Ordnung zu vollziehen? Klein
ganz klein ist das Verborgene im Atoll

vom Wissen umringt die Insel im Meer:
nur Kehricht zu sein? Da begann
das Meer zu zürnen und warf – blutleer –
das Wellendebakel in den Horizont. Es zerrann

der Schönheit Haufen – Stein bei Stein –
ganz unsortiert und ungepflegt war das Revier.
Nest an Nest, bekotet der Inselfels

ein Vogelparadies; nicht betretbar, und doch fein.
Die schönste Ordnung? Wahllos ist eine Zier!
In der Inselmitte ein Teich, mit einem Wels.

4

Weltkrieg fiel mir ein

Schön ist die Ordnung nur allein
im ewigen Schauen
– Stein bei Stein –
fern aller Kategorien aufzubauen.

Wahllos ist die Ordnung nur im Sinnen
Häuser einzureißen
um Kehricht-Haufen anzuschauen. Innen
bleibt der luftleere Raum. Die weißen

Tauben picken die Guten ins Töpfchen
aus den Kategorien heraus.
Die Schlechten ins Kröpfchen.

So entsteht ein neues Haus
die Sinne auszuloten
und auf dem Kehricht, die lebenden Toten.

5

Asche ist die Endgeburt.
Am Anfang war der Funke.
So schau ich Heraklit: seine Furt –
und sehe Haufen, ein Wort! Geunke –

angehäuft zum Epigramm
seinem furchtlosen Denken
im Ordnungsprogramm
sich selbst zu beschenken.

Mein Sonett ist ein Wörterhaufen
Wort an Wort – Muttersprache
im Paket. Kehricht

sagen Viele bis auf Einen. So laufen
die Anderen herum. Zur Sache.
Das ist mein: Kategorienbericht!

6

So löse ich den Kehrichthaufen gerne auf.

»Auferstanden aus Ruinen!«
»Deutschland, Deutschland über alles!«
Auch so entstanden Kehrichthaufen. Ihnen
ist die schönste Ordnung – im Falle eines Falles –

ein Kehricht-Problem besonderer Art.
Überall war Ordnung: Kehrichthaufen.
In der Übersetzung grob und endlos zart
mögen sich alle die Haare raufen.

Ich liebe Hamburg über alles, ganz apart
trotz Bombennächte. Betende! Flehende!
Herzen zerrissen, blind der Verstand.

Da diese Stadt in D. gelegen, sage ich ganz smart
H. meine Heimat in D. liebe ich über alles Vergehende
hinaus als kleine Randfigur: mit Herz und mit Hand …!

7

Sind wir wirklich schon MENSCH?

Große Ordnungen gibt es stets auf der Welt.
Meist geht's um Macht um Geld und Gier
der Nachwelt aus dem Kehricht heraus – ein Held –
ob Kommunist, Kapitalist oder Sozialist.»WIR

sind das Volk«, rufen sie gemeinsam in die Nacht hinaus
und hocken zufrieden im Jagdschloss – Heide –
Die blutigen Kämpfe führen die Untertanen aus
wie die Schafe und Kühe auf der Weide.

Ob's noch größer geht? Oh ja! Weltumrungen:
Nordkorea und USA, so wie die Alten sangen:
zwitschern sie mit Bomben – mörderisch verhalten –

Kämpfe aus in diesen Kategorien eng umschlungen:
»Was ist, pflegt sich verborgen zuhalten.« Soll das Bangen
den Urmenschen zum Menschen umzugestalten?

Teil XI

Punkte, Kreise ... Linien, Parallelen

»Auf einer Kreisbahn kann jeder Anfangspunkt auch ein Endpunkt sein.« So Heraklit.

***

So räume ich den Lichtern hinterdrein! Und? Bin doch im Kreise.

Ich begann beizeiten der Punkte zwei, das Ich im Ich, in diesen Kreisverkehr: einzuleiten. Zwei Punkte sind mir eine Linie oder ganz simpel– mir – eine Parallele (...) , (:), die allem Kreisverkehr ein Ende bereitet. Nihilismus wird Punkt um Punkt nur die Öffnung eines neuen Gedankens sein.

Jeder Gott hatte einen Vor-Gott im Grunde des menschlichen Kreisverkehrs; nur die Banderole für ein neues Wort, als Ersatz für die Einheit Mensch: endlich zu sein.

Das, was den Leib anbelangt. Der Geist füllt auf das Ungedachte, und bildet Wörter – Begriffe –, die über unendliche Negationen dann aus dem Sumpf – Wörter-Macht – herausspringen und sagt dann, leibgeformt: Das ist die Wahrheit. Aber Leib und Geist werden sich nie decken, wie man die Kreise auch stecken mag. Denn Kreis bleibt Kreis. im Blickpunkte Leib!

Will ich aber, als Geist, bestehen – nicht Seele ist gemeint – sie ist nur ein Wort, im Handgemenge der Strategie, den eigenen »Willen zur Macht« in Leib umzusetzen.

Die leibliche Speise ist eine andere als die geistige! Ich singe mir das Lied vom Kreis»Leib« in den Horizont und bringe ein, beim Anfang aller Kreise und in dem Nihilismus, der den Leib des Menschen nur verödet – Leib und Geist – in ein gemeinsames Wort einzubringen: Das nämlich ist der Kreis!

Dieser, jener Kreis ist wortgebunden, Blickwinkel, Blickpunkt stets vor das Wort Nihilismus zu stellen. Dieses leibliche Wort bleibt ein ewigliches Vergehen. Auch die Seele leibgeworden, schließt sich theologisch ein.

Auch die Philosophie ist ein leibliches Produkt. Blickpunkte, die in Kategorien enden! Diese Endpunkte leibbedingt, enden im Leiblichen – so das Wort.

Nichts = Nihilismus, der nichts anderes ist als das, was Heraklit bewörtelt: »Alles fließt« – denn! Vor jedem Nihilismus gab es immer einen Nihilismus: davor! Das heißt wörtlich: Ich steige ein in den Kreis des Gestern – Heute – Morgen und bin am Ende wieder nur am Anfang dieses Kreisverkehrs!

Habe ich das erkannt, wofür ich meinem Alter dankbar bin, dann hört das leibliche Denken auf und es beginnt meine unendliche Parallele, zwei Punkte, Kreise usw. nebeneinander – ohne Anfang und ohne Ende – und ich wortlos und doch dem Worte hörig: Leib!

1

Meine Parallelen sind zwei gedachte Punkte
nebeneinander gelegt. (...) (:).
Kategorien – entfernt im Lichte befunkte
jeden Kreis im Punkte, das bewegt

die Einheit als Masse in die Zahl
dem Worte Einheit – mitgegeben –
der Denkerstirne Maß und Qual
mit diesem Gedanken ständig zu leben.

Es kam der Tag, da wurden die Punkte
sichtbar – sie bildeten sich zu Kreisen
und öffneten die Parallelen

in steter Schau. Das Sonnenlicht funkte
um der Menschheit zu beweisen
nie Wort und Wörter in Zahlen zu zählen.

2

Überleben war angesagt

Angefangen hat alles mit dem Schrei:
Geboren! Aus der Samenzelle
und Mutters Konterfei
ward dieser Bub, ein munterer Geselle

in der Vorkriegszeit der Eltern Hochgefühl
das Erbe – Leben – anzutreten.
Und keiner konnte ahnen, das Kalkül:
Krieg stand vor der Tür und beten

beten, damit das Morden und Brandmarken
an ihrer innig liebsten Art
vorüberziehen mag – Tag um Tag!

Hamburg brannte lichterloh, im autarken
wirtschaftlich gemeinsamen Start:
Eheglück in Deutschlands Sarkophag.

3

Die große Linie war gegeben.
Ein Punkt, ein Komma, ein Strich.
So lagen die Lebenden, offen im Segen
zu lieben, zu leben außerordentlich

dem Streben, neben den Bombennächten
das Licht der Sehnsucht im Finden
das Ich in die Gemeinsamkeit einzuflechten
Leid und Schmerz im Licht zu binden.

So wurd' aus dem Kügelchen im Mutterleib
ein Herz, ein Kopf – Leib und auch Beine –
Augen und Sinne nicht zu vergessen, als Beleg

aus der Vielheit der Chromosomen, als Verbleib
im Kreise – und nicht nur zum Scheine
ein kosmisches Wesen – Ich – betrat seinen Weg.

4

So geboren. Kriegskind ein Leben lang.
In Ruinen gespielt. Der Krieg war verloren.
So stritten Kinder lächelnd bang
in die Summe der Tage ein, erkoren

zu leben. Nur Leben, was war das?
Der Rauch der verbrannten Gebäude?
Affen aus dem zerbombten Zoo, mancher vergaß
selbst Mensch zu sein, zur Freude

den Eltern das große Glück zu geben!
Auf einer Kreisbahn eingeschlossen zu sein
das Heiligste zu erleben – Mensch zu werden?

So die Eltern! Und ich? Wollte ich leben?
Zertrümmert am Boden: Stein um Stein
war das, das Lebensglück auf Erden?

5

Jetzt lebte ich. Am Tage die Sonne.
Und nachts? Der Sirenen Sang noch im Ohr.
Er begann sich langsam zu lösen. Die Spinne
Kreislauf schlug ihr Netz im Chor

zur Gestaltung der Konfektion
das Gefangensein – Leben zu gestalten!
Nahrung zu beschaffen war die eine Aktion
Die andere? Gesundheit zu erhalten.

Typhus, Lungenentzündung in kalten Mauern.
Unterernährung war Lebensgestaltung!
Und der kindliche Kohlenklau aus fahrenden Zügen

um nicht zu erfrieren? Leben ward zum Überdauern
diese grausige schlimmste Glücksverwaltung!
Eltern und Kind? Welch ein Vergnügen!

6

So zogen die Monde in die Jahre.
Aus dem Kreislauf: Punkt um Punkt
ward ich, wenn ich so verfahre
ein lustiger, verschlossener Kreis, der verunkt

den Tag im Arme gekost zu haben.
Es war mein Kindsein; Säugling überwunden
zog sich der Horizont mit Gaben
seltsamster Art, abzubauen die runden

Biegungen, Blickpunkt genannt. Sie, die sich
im Kreise biegen und wogen.
Die Lichtbrechung alleine auf Glauben beruht?

So ging ich hinein in die Nachkriegszeit! Für mich
war künstlich die Welt und verlogen:
Menschenmacht eine seltsame Glut!

7

... Ende und Anfang waren wieder Punkt: mein Leben! ...

So endeten dann, viel später – all meine Kreise.
Das Alter hielt Rückschau, Punkt um Punkt: verlacht!
So gebar sich das Wahre nur seine Gleise
unendlichen Parallelen geöffnet im Verdacht

das Leben von der Hand in die Feder zu führen.
Das ABC im Sonnenlicht neu zu gestalten
zu lachen, auch wenn's nicht so ›an dem‹. Zu küren
das Gedachte, aus dem Kreis heraus zu verwalten.

So ging ich dann, alle Tage, zu fragen mich, wohin
willst Du? Musst Du Dein Leben im Sinnen
als Lügenbaron im Kreise Tag um Tag verbringen?

Da öffneten sich die gebogenen Wörter tiefst im Sinn
die Hände der Hand zu geben. Sie wird beginnen
alle Kreise, Punkt an Punkt im Öffnen auszuwringen.

Teil XII

Wege, Stege - Straßen, Alleen - Wüste, Oasen!

»Der Weg hinauf und hinab ist ein und derselbe!« (Heraklit)

***

Im Grunde ist auch dieser Weg ein Kreis, der sich in meine unendliche Parallele auflöst. Zwei Punkte liegen nebeneinander. Eine Gerade, oder eine Parallele: und dazwischen ein wortloses Ich: geboren! Nur Fleisch geworden, um das Wort zu erlösen: hinauf und hinab. Ich denke nicht, und doch bin ich.

Die Nase nimmt wortlos Gerüche wahr. Das Auge sieht geschlossen Lüge und Trug – Menschenleid – mit Not. Die Hände fühlen die Kälte im Pauperismus, die uralte Armut sich sinnend dem Wort der Muttersprache hinzugeben, nicht wahrhaft das Wort zu leben.

Der Weg hinauf ist glückselig, wenn auch schwer. Der Weg hinab kann grausig sein, wenn man nicht den Blickwinkel des Kreises öffnet um im Hinab einen neuen Aufstieg sehen kann. Ich kann! Ich musste! Dann wollte ich, und blieb auf irgendeiner Höhe in einer Bergmulde stehen und betrachtete das Grün eines keimenden Baumes, der mich anlächelte. Ich lächelte zurück. Ihr lacht? Gut, das verstehe ich. Aber? Mein Lächeln war ein Verstehen, und das eure nur dieses besserwissende allgemeine Gefasel im Bergauf und Hinab … Sie gingen! Ich blieb: Ich, und der kleine grüne Baum!

Wegweiser: Straßen, Alleen, Wüsten, Oasen … Nihilismus … usf.!
von Gerhard GLOGE, Prof. für Systematische Theologie, geb. 1901 in Crossen/Oder. Er beginnt sein Anliegen mit folgender Einleitung:»Der Begriff des Nihilismus ist in der gegenwärtigen Diskussion über die geistige Weltlage zu einem vielgebrauchten Schlagwort geworden, dessen wahllose und willkürliche Verwendung häufig den Eindruck erweckt, dass die Benutzer dieses Schlagwortes mit demselben entweder nur sehr unklare oder überhaupt keine Vorstellungen verknüpfen und den Begriff als eine Art Universal-Schimpfwort benutzen, mit dem sie jeweils ihre zufälligen politischen, weltanschaulichen, religiösen oder auch kirchlichen Gegner belegen.«

Der systematische Theologe vergaß aber seinen klaren Gedanken zum Thema»Nichts« und»Alles« einzubringen; Gott als Wort könnte ich in seiner Einleitung mehrmals einbringen. Hier bitte keine negativen Gedanken, mir selbst vorwerfend, dass ich die Religionen der Welt, abwertend, in keiner Weise hier gelten lasse. Glaube ist etwas, was dem Wissen konträr gesteuert nur als Wortgebilde widerspricht, überhaupt Wort zu werden.

Heraklit dazu:»Das einzelne Denken muss seine Bündigkeit im Allgemeinen erweisen!«

Diese Bündigkeit fehlt mir schon in der Einleitung, denn das Wort Gott und jenes: Nihilismus, sie sind, wenn man wortlos denken könnte … identisch.

Nur? Gott ist ein Symbol, das wissenschaftlich geformt wurde. Aber? Jede Form ist lediglich normangegebenes Unterfangen, wortgetreu das, was als wahr der Menschheit gegeben, Glaube = Unwissenheit bedeutet!

Und Nihilismus? Er ist nur ein geglaubtes Weiterschreiten, einen neuen Glauben zu kreieren, Er, der genauso Form wird, bleibt er nicht, verinnerlicht, wortlos allemal. G. Glogau weiter: »In einem klaren Gedankengang und einer geläuterten Sprache wird aus dem Bild des N. als das Endstadium einer Entwicklung entworfen.

Man erwirbt ihn nicht, wie man eine Weltanschauung erwirbt, sondern man bekommt ihn, wie eine Krankheit. Geistig gesehen ist er – die Philosophie des Trümmerfeldes.«

Heraklit meint: »Erst Krankheit macht die Gesundheit – erst Hunger die Sättigung …!«
In diesem Sinne ist mir der Hunger hier Begleiter in der Auseinandersetzung, mit mir irgendwo Sättigung zu erlangen! Denn? Das Göttliche lebt im Blatt am Baume, im Regentropfen, der zur Erde fällt.
Weiter aus seinem Vortrag von Hans Lilge über Nihilismus.
»Das Gesamtergebnis dieser Entwicklung, das gegenwärtig offen zutage liegt, ist das Vakuum: dem Erlöschen des Glaubens und der metaphysischen Verantwortung sichtbar werden!«
Menschenbild und Rassentheorie sind die folgenden Begriffe.«

»Dass das innigste Wesen dieses N. darin besteht, dass der Mensch Gott leugnet, von der Existenz Gottes und einer göttlichen Ordnung in der Welt vollständig absieht und sich selbst und sein unersättliches Macht- und Erkenntnisstreben an die Stelle Gottes setzt!«
Bei Karl Marx kommen die Thesen zustande wie: Religion ist Opium …«
G. Gloege weiter: »Der N. als eine antichristliche Bewegung!«
Wie kann ich gegen etwas sein, was im Glauben aufgebaut, am Ende mit einem Wort Gott endet, das ebenso wortlos ist wie Nihilismus?
Heraklit sagt: »Wer vieles weiß, ist noch nicht weise.«

Auch dazu zähle ich mich! Die Erkenntnis aufzunehmen ist
nichts anderes als die tiefste Sinnlichkeit Wort werden zu las-
sen, um in der Energeia Sprache nicht das Licht zu verlieren,
von der Masse stets zurück auf die Einheit zu kommen, nicht
um im Ergon, dem Stillstand Kirchensymbolik, teilweise
menschenfremd zu folgern: z. B. Hexenverbrennung, Teufels-
austreibung, die vielen Sekten auf Erden, die Machtgier …
»wenn das Geld im Kasten klingt, die Seele aus dem Fegefeuer
springt.«

An dieser Stelle folgt etwas ewig Nihilistisches – die Seele –
sie ebenso Form, Wort, Kirchenmasse! Wenn ich Seele nicht
wortlos fühlen kann und lächle, wenn mir irgendein Satz um
die Ohren gehauen wird, dann wäre ich seelenfremd auch nicht
einmal dieses göttliche Wunder Mensch: er, der sich vom Af-
fen befreite, Gen an Gen: Alles muss Hand und Fuß haben,
so des Volkes Mund. JEDER Glaube ist das ständige Suchen
irgendwo im Worte Fuß zu fassen, Bodenhaftung zu erlangen.
Das beginnt bei den Götzenbildern – ebenso ein Glaube – wie
Yggdrasil, dem nordischen Lebensmythos.
Auch das Christentum zog mordend und plündernd durch
die Jahrhunderte. Mohammed sollte aus den 72 Sekten, so
der persische Dichter Hafis, den alten Nihilismus: Christen-
heit neu formieren, der Islam! Ein tiefer Glaube, bliebe er, wie
Mohammed, er selbst es sich erbat keine Bilder in Moschen
aufzuhängen, selbst nicht das seine. ER vergaß auch die Wör-
ter nicht zu Bildern zu machen; denn Wort für Wort bildet
das Masse – Ikon – z. B. das Kultbild der Ostkirche … die
Bilderverehrung.
Bild, ein Wort, wie Seele und Glaube die ständige Suche
nach Wahrheit.
»Wenn die Sonne nicht scheint, sehen wir die Sterne der
Nacht!«

Heraklit – auch er ein ständig Suchender, denn er meint: »Der Arzt fügt Schmerzen zu, um Leiden zu heilen.« So sind wir Menschen auf der Suche: »Der Weg hinauf und hinab ist ein und derselbe!« Auch Heraklit versuchte dieses Nichts menschlich zu bewörteln! So schließe ich an dieser Stelle mit der ständigen Erkenntnis jedes Wort bildlos und auch wortlos zu machen, meinem Glauben gerecht zu werden: einfach aus dem Worte Masse heraus Einheit zu werden: Ich ...!

1

Ein Kranich weitet seine Schwingen
in den Abend – durchflutet so den Frieden
wie der Pflug, den Großpapa im Singen
einst durch kalte Heimaterde zog: zu schmieden

das Säuseln der Blätter im Wintergras.
Geboren neu, bei diesem alten Klang
im Gurgeln des Baches Unterlass
bestimmte so meiner Wörter Gesang.

Krähen sammeln sich im Feld
und auf den Wiesen.
Ein Krächzen wühlt sie auf zum Heimwärtszieh'n.

Auch in mir brennt der Aufbruch jene Welt
aufs Neue einzubeziehen, diesen
Aufschrei – Abendrot – mit Tränen zu beknien.

2

Kleine Kinder:
ich bin eingeschlossen.
Kinderträume sind nicht minder
kriegsumgaukelt eingeflossen.

Kinderwörter
stammelnd abgegeben
leg ich in die Hände ungehörter
Stimmen: Leben!

Kinderlachen: Weihnachtszeit.
All das schreibe ich noch heute auf:
erwachsenfrei!

Kleine Kinder: ich bin bereit
diese Laute in des Lebens Lauf
einzuweben, als wär's meine Arznei.

3

... Dort, wo Zukunft und Vergangenheit Einheit werden ...

Weltanschaulich ist das große Begehren
politisch relevant zu sein.
Bei allen religiösen Fragen nicht zu verwehren
Glaube hat ein christlich Bein.

So gesehen die Entwicklung, im End-
Stadium Bestehen zu formen –
Gesundheit und Sättigung, behänd'
systematisch in Bild und Wörter zu normen

das, was Seele als Einheit lässt gescheh'n.
Weltanschaulich ist der Glaube ein Alters-
Nihilismus aus der Götzenwelt hinaus

einzukehren in das Neue Denken! Vergeh'n
ist dort der Inbegriff des bunten Falters
der einzog als ein neues Bild in der Zukunft Haus.

4

Klarer Gedankengang und geläuterte Sprache
begehren stets der Sättigung
die Vergangenheit als Zukunftssache
»systematisch« in christlicher Beschönigung

als wahr, das Bild des Glaubens, ureigen
seinen Altar zur Gesundheit zu erheben.
Und aller anderer Glaube ist ein Verzweigen
zum Urwahren hin. Gewinnsucht als Beben

ist der Sog zum Mord als gottgewollt!
Dem Himmel als Wahrheit geweiht?
»Wenn die Sonne nicht scheint

sehen wir die Sterne der Nacht.« Es grollt
das Wort des Heraklit, es schreit
die Stille aus dem Bauch heraus: vereint!

5

Manche Wege bilden ein Gelege
Eier auszubrüten, damit die Gedanken
all die politischen Wahrheitsbelege
einrahmen in die Wahrheits-Schranken.

Vor der Wahl ist alles möglich: siegesgewiss!
Und der Wähler staunt über soviel Geist
und Witz. Wie der künstliche Schmiss
dem Studenten die Narben-Wange ziert. Dreist

setzt der Aufsichtsrat das Omen
die Reichen nicht zu schonen
und die Armen reich zu machen.

Am Ende stellte sich heraus, der Agronom
blieb Bauer. Und zu betonen
sie blieben, wie gehabt: die Drachen!

6

Wege werden Straßen.
Auch Wüsten, die dem Sand beraubt
Oasen wurden. Sie vergaßen:
Der Weg hinauf es sei erlaubt

ist zu hinterfragen ist er derselbe
der die Füße auf- und abwärts trug?
Da beschwor sich selbst der Sand, der gelbe
und sagte mir, das wäre Lug!

»Der Weg hinauf und hinab ist ein und derselbe«
Heraklit sah nicht die Träne, den Schweiß
beim Hinauf und beim Hinab

So gesehen ist ein und derselbe nur das Gelbe:
hier eine Zahl, die dem »Willen zur Macht« auf Geheiß
schaufelt allein der Zahl das Wörtergrab.

7

… Zahl an Zahl … fern aller Wege: Kreise!

Der Weg auf des Berges Graten!
Heute schneebedeckt am Morgen.
In der Sonne, ich will's euch verraten
waren schneefrei er, und die Sorgen

deshalb den Weg zweimal zu gehen
entfernte sich mit der Sonne Angesicht.
War sie da, gab es Schnee in Wehen:
glitschig, und Achtung war die Pflicht.

»Einheit ist wonach jedes Ding Eines genannt wird«
»Zahl ist die Einheit der zusammengesetzten Menge«
So spaltet Euklid jeden Weg

in Wort und Zahl. Und der Nebel schwirrt
als feuchte ungeahnte Strenge
der Einheit ins Gesicht: so der Beleg!

Teil XIII

Krankheit und Gesundheit

»Erst Krankheit macht die Gesundheit so angenehm und gut, erst Hunger die Sättigung, und Erschöpfung das Ausruhen!« (Heraklit)

***

G. Gloge, geb. 1901 in Crossen an der Oder, Prof. für systematische Theologie: »In einem Gedankengang und einer geläuterten Sprache wird uns das Bild des Nihilismus als ein Endstadium einer Entwicklung entworfen. Man erwirbt ihn nicht, wie man eine Weltanschauung erwirbt, sondern man bekommt ihn wie eine Krankheit!«

Ich glaube, ich weiß, dass manche Krankheit zur Gesundheit führte und manche Gesundheit in Krankheit, Magersucht usw.!

»Was ist die Hölle?« So fragte der Prof., und er antwortete: »Ich denke, sie ist der Schmerz darüber, dass man nicht mehr zu lieben vermag!«

Die Kirche machte daraus eine Gesundheit. Sie setzte Glauben (ihren) gleich Wissen! Somit wird das Wörtchen Nihilismus zur Farce der Kategorie Gesundheit. Wie eine Krankheit ist jede Wahrheit, vor Jahr-Zehnten gegeben dort noch Wahrheit! Man ruft's in den Wald hinein, und auch Heideggers und des Holzfällers Holzwege führen am Ende das Echo in die gewünschte Richtung HEIM!

Hölderlin und Rilke haben durch täuschenden Gebrauch der Vokabel »Gott« der Sprachvernichtung Vorschub geleistet. Mittels der trügerisch gewordenen Sprache haben »geschickte

Propagandisten« mit einem Augenlächeln das gebildete Bürgertum aus ihrer Richtung in das religiöse Nichts in die Irre geführt.

1

Das Nichts ist immer bereit, auch außerhalb der Zeit

Das Licht in meiner Hand
ist
wie der Vogel auf dem Land
der im Baume tiriliert. Ein Atheist

vergibt sich nichts, wenn
er sich teils selbst vergisst
um zu werden Tourist. Denn
die Augen zum Sehen vermisst

der Eilige im steten Sich-Verstehen
Ja und Nein – je zu verneinen.
Das Selbst in der Auslage der Bewegung

einzustellen im Ampelrot der schnellen
Wege, die dort – All – umtost meinen:
Das Licht in meiner Hand ist die Widerlegung.

2

Krank ist der Gesunde oft.
Die Maßeinheit gesund zu sein
berappelt sich im Untertone unverhofft.
Das Sehen stellt das Fragen ein.

Denn die Gesundheit ist ganz allgemein
der Schlüsseldialog und Himmel –
als Grundübel des Nichts, dem Sein
zu unterstellen, wie der Schimmel

nur Objekt dem Subjekte dienlich.
Zu weben das Innere. Nach außen zu kehren
die Sozietät, sie in Gemeinschaft zu ertragen.

Das Licht von der Hand übersinnlich
dem Gesunden zu fronen, des Geistes Wehren
höher zu stellen als leibliche Fragen.

3

Gestern war ich krank.
Bin ich heute gesund?
Dem Sinnen mein Dank
für das Wort: mein Grund

genesen. Krank sein gewesen
ist der Punkt, das Sehen zu stärken
dem Umtrunk Leben – genesen –
zu umgürten mit Fuhrwerken

zu glauben, zu wissen: Geht es mir gut?
Die Erschöpfung sei mein Zeuge.
Ich sah in der Dunkelheit das Licht

das jedem Leben gibt den Mut
aufzusteh'n. Vergessen ist die Beuge:
Wahrheit trägt oft ein eigenes Gesicht.

4

II/59: »Gegenstände zu symbolisieren, die der Geist auf diesem Wege setzt … Es ist der Ansatz zum Aufbau der geistigen Zwischenwelt mit ihren Gegenständen, des Bewusstseins gewordenen Inhalten.«

***

Mache ich Krankheit zum Gegenstand
symbolisiere ich ganz nebenbei
auch das Wörtchen Krankheit im Verband
der Sinne die Gesundheit zum Einerlei.

Muss ich die Hungersnöte – kriegsüberlebt –
in Krankheit ständig nacherleben
glücklich mein Wohlbefinden erstrebt
die kalten, nackten Kellerwände im Beben

im Hirne zermartern? Nein! Das Nichts
beginnt sich seinen Weg zu bahnen
die Sättigung auch ohne Augen zu erstreben

die Erschöpfung im Ausrufen als Pflicht
den Gegenstand ›Kategorie‹ zu verpflanzen
als Produkt eines Nichts – ein Hauch meines Lebens.

5

II 79: »Man sieht, daß die Deutsche Sprache uns im Grunde
genommen dazu zwingt, immer unsere Meinung über die
Zweckbestimmtheit des Gegenstandes mitzuäußern.« Leo
Weisgerber: »Von den Kräften der Deutschen Sprache«, I–V.

***

Das richtige Wort eine Unklarheit?
Muttersprache, dieses Wunder ganz
nebenbei, aus der Vielseitigkeit
die Masse im Wort zur Instanz

zu erheben? Das ist das Wunder.
So meine ich, gesund zu denken
und doch mit unwissendem Zunder
nicht die Einheit – des Selbst – zu verschenken.

Bin ich deswegen krank?
Nein, nur unachtsam stets
gesättigt zu sein, in dem Willen zur Macht!

Die eigne Sättigung gelangt
Dir mit dem Nichtverstehen. So geht's:
die Vielheit vergab sich der Einheit ›gedacht‹!

6

II/133: »Der Unterschied zwischen Abstand und Zwischen-
raum? Man muss zur Antwort wohl das ganze Wortfeld Strecke
einbeziehen und sich die Gesichtspunkte klarmachen, nach
denen Strecke, Entfernung, Abstand, Zwischenraum, Weg,
Distanz (Intervall) geschieden sind.«

***

Ist Erkältung schon eine Krankheit?
Nein, so sage ich.
Ist Hunger schon Not? Ich bin bereit
einzubinden die Distanz, die sicherlich

klarmachen soll – wortgebunden –
kann Gut ebenso auch Böse sein?
Der Teufel war zuerst ein Engel, im Gesunden
der Bibel: Latein!

Dann brauchte man im Abstand das Intervall
den Ton zum Guten, dem Christen fürwahr
den Gegenpart zu finden. Und man fand

einen Abstand Knall auf Fall
und schon war der Gute ausgestoßen: böse, gar
kein Engel mehr: von Land zu Land.

7

II 159: »Da das Grundwesen der Sprache Gliederung ist, ist jedes einzelne Stück Ergebnis der Gliederung, Endglied, in Wesen und Wirkung eben durch seine Gliederung, durch den Stellenwert im Ganzen der Sprache bestimmt.«

***

Hier beginnt das Wunder Sprache zu leben.
Hungrig, erschöpft und krank
soll Gesundheit dann Ruhe ergeben?
Nein, das ist im Sinnen eine Bank!

Krankheit und Gesundheit ist ein Wort-Konvolut
sich dem Wohle des Einzelnen hinzugeben
Euklid eingebunden, Wort und Zahl der Obhut
der Sinne strikt einzuweben.

Es gibt die Einheit und hier beginnt das Wunder, Gut
und Böse auseinander zu buchstabieren
Grenzwerte der Zahl zu entheben:

dort beginnt das EINE als Wort – sei auf der Hut
denn die Zahl, sie mischt sich immer ein, zu etablieren!
Es gibt das Einzelne, oh ja – wortlos gar: das Leben!

XIV

Nihilismus: Nichts und alles!

»Wandel ist Ruhen!«

»Vielwisserei bringt noch keinen Verstand!«

Mit Heraklit hinein ins Gemenge, Grenzen und Ziele der Romantik auszuloten. Nihilismus ist stets nur das Vorwort von dem, was neu sich uns gebärt. Wobei Glaube stets Glaube bleibt und Nihilismus nur ein Zeichen für eine neue Wende oder Rückkehr zu alten Ufern!

»Gott ist tot!« ist nur eine Umbenennung des einen, nicht zu fassenden »Wissen-Wollens« zum Auftrieb für die Herrschen-Wollenden, z. B. ihr neues ABC unter Dach und Fach zu bringen!

IS: von Allah gewollt? Es bleibt ewiglich der Wille zur Macht Glauben in Wissen umzuwandeln, um irgendein Nichts als neuen Gott auszurufen.

»Nihilismus in der Romantik«, so der Aufsatz von W. Kohlschmidt, Prof. für neuere deutsche Sprache und Literatur, Studium der Germanistik, Kunstgeschichte und Theologie. Geb. 1909 in Magdeburg (Romantik in Literatur 1795–1835).

Sein Aufsatz beginnt: »Das Thema wird manchen überraschen, manchen geradezu als Paradoxie erscheinen. Denn im Allgemeinen verbinden wir mit dem Begriff der Romantik sehr positive Wirklichkeiten. Fülle des Gefühls, Reichtum der Träume, Tiefsinn der Gedanken, eine starke Fähigkeit zum spekulativen und emphatischen Aufschwung im Religiösen, ein ungemein differenziertes Organ für alles Geschichtliche.«

Eine Seite weiter dann einen deutlichen Hinweis auf das Problem des Nihilismus in der Romantik; um dann überzugehen auf die innere Vorgeschichte der deutschen Katastrophe, die dann zu einer europäischen wurde.

Mein Gefühl für Romantik bleibt positiv, in dem ich mich entschloss einen Zusatz zu finden. Ich bin ungebunden ein »Romantischer Realist«, der den Wert der Gefühle, Träume, den Tiefsinn der Gedanken nicht am Tellerrand enden lässt. Dass nun die Romantik als ein Danaer-Geschenk erkannt wird, jenes unheilvolle Geschenk, das kann ich so nicht nachvollziehen.

Auf positiv folgt irgendwann ein Negativ, damit verbinde ich die Mathematik mit Wort und Zahl. Warum, wenn Romantik, nicht in ihr schwelgen? Soll ich stets bei einem Glücksgefühl den Kopf schütteln, mich in den Sand setzen, um auf die Negativseite dieser seiner Geschichte zu warten? Ich? Nein! Jeder tiefsinnige Ansatz eines Gedankens wird so im höchsten Augenblick eines Gedankens oberflächlich. Das aber ist sein Problem im kategorischen Denken Gut und Böse umzuwandeln, ohne Gut in dem Moment leben, erleben zu können. Das hat mit Nihilismus gar nichts zu tun.

Das Nichts ist lediglich der Grenzwert des Erkennens, das auch das Religiöse das Böse in sich trägt, nämlich die Machtgier der Kirche: »Wenn das Geld im Kasten klingt ...«, Teufelsaustreibungen, Hexenverbrennungen einfacher Menschen, Kindesmissbrauch bis zum heutigen Tage in Klöstern, Internaten usw.!

An dieser Stelle gibt es für die Kirche kein Negatives, denn ihr Recht ist unanfechtbar: außergerichtlich – ihr Nihilismus, hier – im Sinne Gottes – gehandelt zu haben. Aber das Wörtchen Gott, wie oft wurde es, das Wort, missbraucht? Die Tendenzen der Romantik bleiben unkündbar, diese tiefsinnige Allegorie, ein Gleichnis, diese Kategorien aufzulösen, um das momentane Glückgefühl nicht durch Wortgebrechen, schon vor dem Glücksgefühl, platzen zu lassen.

Klassik und Romantik oder Vollendung und Unendlichkeit beziehen Standpunkt in seinem Aufsatz. S. 81: »Wo aber Unendlichkeit im unbedingten Sinne vorhanden ist, da ist in der Dialektik die Wirklichkeit auch Null und Nichts ganz nahe … in der sich die Begriffsbildung des Nihilismus vollzieht.« Irgendwann war der christliche Gott dieser Nihilismus, dann war die Götzenanbetung usw. der Lebensinhalt der einfachen Menschen. Bevor man Götzenbilder anbetete, da war es die Sonne, das Wasser, der Lebensbaum der nordischen Mythologie: Yggdrasil, das Wörtchen Gott. »Das Bewusstsein der Geborgenheit des Menschen in einem Sinn beginnt sich zu zersetzen.« Dieser sein Satz geht durch die ganze Menschheitsgeschichte.

Sind wir wirklich schon vom Affen befreit? Viele Gene decken sich wohl heute noch, betrachte ich das Gehabe der Macht, Menschen zu unterdrücken.

»So ergibt sich von hier aus ein gerader Weg zum Nihilismus, das heißt zum Gefühl der Sinnlosigkeit in der Welt.«

Das ist schon beim jungen Tieck und Wackenroder zu spüren …! An dieser Stelle eine mir immer bleibende köstliche, romantische Auslegung: Das Büchlein »Herzensergießungen eines kunstliebenden Klosterbruders« ist der Beginn der Romantik, so erzählte man es mir in einem Seminar. W. H. Wackenroder und Ludwig Tieck, die Autoren, geben ihre Bekenntnisse ab. Besonders ein kleiner Absatz in diesem Büchlein, von Wackenroder gegeben, erfüllte mich, und erfüllt mich auch heute noch, mit tiefster Freude.

S. 60: So spricht Wackenroder in einem Absatz von zwei wunderbaren Sprachen und deren geheimnisvoller Kraft. »Seit meiner frühen Jugend her, da ich den Gott der Menschen zuerst aus uralten Büchern unserer Religion kennen lernte, war mir die NATUR immer das gründlichste und deutlichste Erklärungsbuch über sein Wesen und seine Eigenschaften. Das Säuseln in den Wipfeln des Waldes und das Rollen des Donners haben mir geheimnisvolle Dinge von ihm erzählt, die ich in Worten nicht aufsetzen kann. Ein schönes Tal, von abenteuerlichen Felsengestalten umschlossen, oder ein glatter Fluss, worin gebeugte Bäume sich spiegeln, oder eine heitere grüne Wiese von dem blauen Himmel beschienen – ach, diese Dinge haben mir in meinem inneren Gemüte mehr wunderbare Regungen zuwege gebracht, haben meinen Geist von der Allheit und Allgüte Gottes inniger erfüllt und meine ganze Seele weit mehr gereinigt und erhoben, als es je die Sprache der Worte vermag.«

Wackenroder, 1773 in Berlin geboren. Welch eine feinsinnige Sprache – wortlos – und doch in Worte gekleidet. Wie könnte ich an dieser Stelle jetzt schon an die Bombardements Hamburgs denken, in nasskalten Kellerräumen? Als »Romantischer Realist« nehme ich mir die ganze Zeit, beim Lesen dieser Zeilen dieses Tiefste, seine wortlose Religiosität als mir Wunderbares einzuleben.

Caspar David Friedrich, 1774 in Greifswald geb., und Philipp Otto Runge (1777 in Wolgast geb.), sie waren als Mitbegründer der Romantik mir in allen Seminaren mitgegeben. Ihre Bilder drückten in der wortlosen Sprache – Bild geworden – dieses tiefste Gefühl aus, nach dem Ende einer Epoche, das vordem mit Nichts ausgeleuchtet wurde: S 85: »Wird sich dann das Erbe Gottes, der Mensch, im fortdauernden Selbstgenus selbst fragwürdig, so ergibt sich von hier aus ein gerader Weg zum Nihilismus, das heißt zum Gefühl der Sinnlosigkeit der Welt.«

Wenn ich das Säuseln des Waldes, ein schönes Tal, einen glatten Fluss, worin sich gebeugte Bäume spiegeln, wenn ich all das am Ende ins negative Nichts eingliedere, dann bedaure ich jeden Kirchgänger, der sich das Bußgesinge der Macht, gewinnen zu wollen, um über das Negative ›Macht‹ über das Wunder Mensch zu erlangen (oder?) aufs Heute projiziert: die Islamische Staats-Macht, die Töten als gottgewollte Definition in ihre Bomben einbaut, da sie dem eingetrichterten Glauben machtbesessener Weltherrscher gemäß glaubt als heldenhaft – bombenumgürtet – ins Reich Gottes zu gelangen ...!?

Mit Wackenroder schließe ich mein Wort: »Die Lehren der Weisen setzen nur unser Gehirn, nur die eine Hälfte unseres Selbst in Bewegung; aber die zwei wunderbaren Sprachen, deren Kraft ich hier verkündige, rühren unsere Sinne sowohl als unseren Geist ...!«, denn Buchstaben sind nur dazu da, dass das Auge ihre Form erkenne, und Lehrsätze und Begebenheiten sind nur so lange ein Gegenstand unserer Beschäftigung, als das Auge des Geistes daran arbeitet, sie zu fassen und zu erkennen.

Als junger Mensch ging ich gerne sonntags in die Kirche, da ich den Pastor, als Freund des Hauses, sehr schätzte. An diesem Sonntag verabschiedete ich mich am Sonntagvormittag vom Vater. Er lächelte und sagte mir nur: Er ginge jetzt in seine Kirche, und er zog lächelnd seine Schritte in den nahen Wald. Heute verstehe ich ihn mehr denn je.

1

Romantik ist sich selbst zu erleben
um dem Hass der täglichen Marotten
zu begegnen. Das innerste Streben
dem Pessimisten zu spotten.

Er hätte falsch gelegen mit der Wahl
Alles zu zerreden, um in Fehden zu enden.
So gesehen stand ich vor neuer Qual
ihn in das andere Lager zu senden

den Moment nicht zu verachten
das spontane Nichts und Alles
in die Waagschale zu leben

sein Stellungsbild das Umnachten
in Licht zu tauchen. Damit fall es
in seiner Hände freudig Geben.

2

Dort, wo das Nichts beginnt
dort bin ich ›zu Hause‹.
Denn im Allsein der gewinnt
zu glauben auch das Krause.

So gesehen ist der Wandel Ruhm
hinzugehen, Nichts zu sehen.
Damit ist entschieden – der Boom –
Kaufrausch, er bleibt bestehen.

So arbeitet die Psychoanalyse
mit dem Viel-Wissen im Bestand
Nichts und Alles einzubinden mit Verstand

damit das Wort ganz ungesehen jene Wiese
mit Gänseblümchen schmückt. Das Land
bleibt unbelassen in der Verkäufer Hand.

3

»Viel-Wissen bringt noch keinen Verstand!« [**]
Doch der einfache Mensch bemerkt es kaum
dass Viel-Reden verändern kann den Verband
im Einrahmen der Viel-Rederei. Der Saum

Erkennen-Können wird übertönt
bis selbst das Echo in der Ohrmuschel
des Gegenübers die weiseste Weisheit verhöhnt
da sie Masse in dem Gekuschel

sich Verstand angeeignet hat: zu leben.
Und schon überbrückt der Schrei die Einheit
zu erkennen und macht der Masse Platz.

Dort beginnt der Verstand die Masse zu entheben.
Die Einheit im Wandel des Wortes – Zeit –
wird im Nihil der Weisheit als Besatz!

**   Heraklit

4

»Vom Weltbild der deutschen Sprache. Mit neuen Zeichen und Methoden wird eine Einsicht in den inhaltlichen Aufbau der dt. Sprache angebahnt. Das Weltbild der Muttersprache, die geistige Lebenslust, in der wir uns bewegen, wird uns bewusst als Ergebnis der primären Leistung der Sprache, ihrer Kraft, die Lebenswelt in das Eigentum des Geistes umzuschaffen.« II/1

***

Aus dem Nichts heraus
dem ersten Schrei: Geburt
kam der elterliche Applaus
für diesen Lebens-Gurt

aus dem Nicht heraus einen Namen
zu geben. Wort auf Wort
ergab so langsam einen Rahmen
Sprache hieß der vielgeliebte Ort.

In den Kinderschuhen wuchs heran
ein stetes Fragen. Warum, wieso
und woher wir endlich kamen.

Aus dem Nichts ist das Geborensein im Plan
ein Fragen nach der Namensgebung sowieso.
Muttersprache sprengte dann die Namen …

… dies Wörtchen dann – es – ward mein Eigentum …

5

In der Staffage
dieser Bilderjahre der Ahnen
verlor sich bald danach die Frage
warum das Wort so wichtig in den Bahnen

dem Nihilismus dienen sollte!
»Vielwisserei bringt noch keinen Verstand.« (1)
So trottete ich ab in das Gewollte
und die Feder flog mir in die Hand

Romantik zu realisieren.
Im Außerwort der Realist flog vorbei
Positiv und Relativ aus der Vielheit heraus

fern aller Kategorien: zu pieren.
Dass BEIDES eine Einheit sei.
So baute ich mir neu mein Wörterhaus …

… ob Epigramm oder meine Sonette …

6

S. 296: Leo Kofler schreibt: »… der Mensch ist ganz ohne Seele
und Denken nicht vorstellbar.«

***

Denken und Seele
Wortgepflogenheiten, sie binden
ein, im Seil das Kardeel
gemeinsam die Sprache zu finden.

Allheit ist gegeben im Denken.
Seele ist zu erwerben
sich selbst zu beschenken
um als Mensch nicht im Nihil zu verderben.

Doch Mensch-Sein
und Seele allein sie finden in
der Parabel der Gleichung

das Unvorstellbare sehr fein
ins Blut einzuweben als Medizin
Mensch zu sein in der besonderen Eichung!

7

S. 276: »Die Herabsetzung der selbständigen Urteilsfähigkeit
bis auf den Nullpunkt, die Uniformierung der Sprache des
Sprachraumes auf einige hundert zumindest sehr gewöhnliche
Sätze; die Herabminderung der seelischen Erlebnis- und Re-
flexionsfähigkeit; das Verschwinden der ethischen Urteilskraft
… geforderte Verhaltensregeln und -Sitten …!«

***

Das Licht der Straße
wird durch die Straße gegeben.
Nichts war da – in jenem Maße –
das Gegebene zu beleben

um das Straßengewand
in eine frische Wiese zu verwandeln.
Die Hand an der Hosennaht fürs Land
ließ manche Seele anders handeln.

So geht die Zeit auf der Straße
wohlgeordnet Schritt für Schritt
und der Gefolgsmann gibt die Befehle:

»Stramm gestanden, geradeaus«, in dem Maße
bewegte sich oft die Straße mit
und mancher Gedanke blieb als Straße in der Kehle.

Teil XV

Macht und Selbstzweck

»Kinder werfen ihr Spielzeug, da sie Männer werden, fort (solches Spielzeug ist auch das menschliche Meinen)!« (Heraklit) Leo Weisgeber in Band I, »Die Sprache unter den Kräften des menschlichen Daseins«:

S. 5: «Als wichtigste Aufgabe folgt aus Gesamtsicht des Sprachlichen ... DREI Selbstverständlichkeiten: die Selbstverständlichkeit, die Sprachverständigung, und die Sprachgemeinschaft ... Fragen der Sprachphilosophie, der Sprachästhetik usw.!«

Humboldt schreibt, dass die Sprache kein Ergon, sondern eine Energeia sei.

Realität und Wirklichkeit, Unterscheidungen zwischen Sachlichem und Begrifflichem, Zufälligem und Allgemeinen.

Wilhelm Weischedel, geb. 1905 in Frankfurt, in einem Beitrag für »Philosophische Theologie im Schatten des Nihilismus!«:

Eins: »Ob die Frage nach Gott zum Wesen der Philosophie gehöre, oder ob diese aus der Sache heraus unter die Herrschaft des Nihilismus treten müsse!«

Gehe ich von der Gepflogenheit aus, dass Philosophie Suche nach Wahrheit bedeutet, dann frage ich mich, warum Theologie überhaupt nicht nur eine unbedeutende Beifügung auf dieser Suche nach Wahrheit ist.

Zwei: »Ob im Schatten des Nihilismus überhaupt Philosophie möglich sei?«

Wenn ich den Schatten sehe, dann habe ich doch das Licht, Sonette etc. schon ausgemacht, als Subjekt, von dem aus ich personell solch einen Schatten in das Bild – Philosophie – hineininterpretiere. Somit existiert die Philosophie, die Suche nach Wahrheit, doch gar nicht, sie ist schon als Licht – Glaube = Wissen – gegeben.

Drei: »Ob gesetzt, dies sei der Fall, im Schatten des Nihilismus Philosophische Theologie möglich sei, und wie eine solche aussehen müsste.«

Vor über 50 Jahren schrieb ich an die Duden-Adresse meinen Einwand, da unter Antichrist Teufel stand. Ich beschwerte mich, dass ich als Nicht-Christ auch gleichzeitig ein Teufel wäre. Man schrieb mir, man wolle drüber nachdenken! In der neuen Auflage zu meiner Muttersprache Deutsch steht auch heute noch: Antichrist = Teufel.

Muss ich als Freidenker, nicht dem christlichen Glauben Kirchengerechtigkeit fronend, auch immer noch ein Teufel sein? Und wie steht es mit den Indianern z. B., die an Manitu glauben, sie alle sind automatisch Teufel? So beginnt meine Suche nach Wahrheit: klein, aber ausdauernd. Das ist im Grunde Macht als Selbstzweck. Einfach nur so! Für den Islam sind automatisch die Christen und Andersdenkende Teufel … diese Punktreise könnte ich unendlich fortsetzen. Der Glaube, wie ich ihn – menschgeworden – mir vorstelle, er ist im Grunde nichts anderes als im Schatten des Nihilismus (christlich und alle anderen Glaubensrichtungen) zu stehen, um die Macht als Selbstzweck zu nutzen: »Wenn das Geld im Kasten klingt, die Seele aus dem Fegefeuer springt!«

Der Glaube – als Nichtwort: gefühlt, ist mir so rein, wie die Apfelblüte am Baum, oder das Kopftuch als Mittel zum Zweck als Wärme-Geber der Frau …!

Der Philosoph Dilthey sagt: »Die Blüte ist dem Baum die Frucht, die Kirsche selbst ist ihm nicht zugehörig.« So ähnlich sehe ich es mit dem Glauben an das Göttliche – weltweit –, ob Mohammed, Manitu, Zoroaster, Yggdrasil, der nordische Mythos und der christliche Glauben auch …!

Im Schatten des Nihilismus ist nicht anderes als dem ›Alther-gebrachten‹ einen neuen Namen zu geben: Die Blüte ist Teil des Selbst, das Wort ist nur Anteil von dem, was als Satzaussage ein Plagiat ergibt, ein Minimum ist nichts anderes als der Schritt vom einen Glauben zum anderen. Denke ich daran, wie das Christentum verbreitet wurde, dann werde ich an dieser Stelle nur an die Apfelblüte denken, die sich wortlos in sich zurück-zieht, um kleine Kirschen in die Welt zu setzen. »Philosophische Theologie, im Schatten des Nihilismus?« Nietzsche fand für andere Dinge den Willen zur Macht. Aber? Wahrheitssuche in der Theologie? Heraklit sagt: »Kinder werfen ihr Spielzeug, da sie Männer wer-den, fort (solches Spielzeug ist auch das menschliche Meinen)!«

Glaube ist kein Spielzeug und Männerwerdung, das bedeutet auch, einst diese Spielchen geliebt zu haben, auch wenn man sie, so Heraklit, irgendwann entsorgt. Aber? Manch Teddy-bär, oder der von der Mutter aus Stofffetzen zusammenge-nähte Fußball (in der Kriegszeit), da war er mein Heiligtum, zwar längst entsorgt, aber so wie die gefalteten Hände, als über Hamburg die Hölle vom Himmel fiel, um meine Heimatstadt in Schutt und Asche zu legen, da wünschten, betend, alle Kin-der, dass die Bomben vorbeiflögen. Mit einem Blindgänger vor dem Haus wurden wir durch das Wunder (der Gebete) gerettet. Wir Kinder glaubten ganz fest daran. Das soll alles nichts gewesen sein? Nein! Das Göttliche bekam einen anderen Namen; nichts steht heute auf der Kirche Plan, nur neu sich auszurichten. »Doch wohin sind wir geraten? Muss uns nicht der Schwindel ergreifen angesichts dieser radikalen Zerstörung alles Gewissen und Beständigen, angesichts dieser völligen Auflösung der Wirklichkeit in die Fraglichkeit? … Doch ein redliches Philosophieren kann gerade nur in der Weise zur Philosophischen Theologie werden.«

Wenn ich diesen Aufsatz lese, dann denke ich an Heidegger, der das Sein für undefinierbar hielt: Er schrieb dann aber über Sein und Zeit ein Buch. Wenn ich diese Zeilen des Autors sinnbildlich mir vor Auge führe, dann frage ich mich, wie ich Glauben, durch Philosophie in die durch die Theologie vorgefertigten wahren Nichtgegebenheiten, aus dem Nihilismus heraus in diesen Wahrheits- und Tatsächlichkeitsbereichen ausrufen kann.

Nihilismus = Nichts, und ich gehe über die Negationen in der Mathematik zu wahren Begriffen über und verwandle die Philosophie, die Suche nach Wahrheit, in Scheinbegriffe, die von der unumschränkten Eindeutigkeit die DREI-Einigkeit etc., als Bestandteil fraglos, in die Sinne aufnehmen. Nichts: ist nicht definierbar. Und doch, die Theologie kann. Mir vernichtete sie den reinen Glauben! … So lebe ich als Teufel trotzdem FREI: vielleicht sogar als Mensch, wenn auch ganz schlecht vorstellbar!

1

Leuchtreklame: Selbstzweck: allemal.

Eingebogen in die Flugbahn:
Landung, gebe ich gefangen mich.
Kikiriki schreit der Hahn.
Wach auf! Ganz unabkömmlich

ist der Schatten Kind geworden.
In der Außenwelt – Held: ...
dort brüten wahr die Horden.
Nichts geschieht: Ich spende Geld!

Spielzeug wurde aufgegeben.
Sterne am Himmelszelt nicht mehr gezählt.
Und in dem Nichts lag still das wahre

Angesicht, sich dem himmlischen Streben
anzugliedern glaubendfroh gewählt!
Die Ware war: das Bare auf der Bahre.

2

»Kinder werfen ihr Spielzeug fort«
werden sie dadurch schon Männer?
Viele denken dieses sicherlich vor Ort.
Und auf der Alm gesteht der Senner

seinen Kühen gegenüber die Wirklichkeit
der Muttersprache, da die Formung
die inhaltliche Seite des Sprachgutes – Zeit –
betrifft. So trifft die ganze Normung

das Gesicht, Kindern den Muttermund
zu stunden – nicht als Spielzeug – als Etappe
allein zu betrachten: denn die Zufälligkeit

im Spiel des Kindes mag die gänzliche Stund'
in das Sprachziel – Kind und Mann – als Attrappe
nicht als Ergon zu binden für alle Zeit.

3

II: »Erst der Sprachmächtige kann seinen Vollbesitz von Muttersprache im Ausschöpfen der eigenen Sprachkraft mehren … Aus dieser Haltung finden die wenigsten heraus, weil sie in ihrem Leben nicht auslernen … die Muttersprache zu bewältigen … um an ihrem Weiterbestand mitzuarbeiten.«

***

Die Selbstverständlichkeit
dem Sehen selbst zu genügen
bedarf es nur der Einigkeit
den Anderen stets zu rügen.

Er soll der Missverstandene sein.
So ertrug ich all die Masse-Parolen
ob es Liebe sei im Streit allein
die Weichen zu stellen das Verkabeln

von Realität und Wirklichkeit.
Aus dem Effeff hervorzuholen
um der Einigkeit willen

das Loblied der Macht weit und breit
aus dem Selbstzweck verstohlen:
… die eigenen Brillen …!

4

Die schwerste Aufgabe ist das Verstehen
Geduld aufzubauen.
Jene Fähigkeit, Möglichkeiten einzusehen.
Der Muttersprache zu vertrauen.

Das Bewegende ist die Vielfalt, die dem einen
Wort, der Sprachwahl erlegen
Zusammenhänge zu deuten; den seinen
Sprachphilosophen nicht im Regen

stehen zu lassen. Die Macht – zu gewinnen –
ist der Reiz, Realität in Psychologie
zur Hochgeburt zu reifen.

Zufälligkeit und Realität im Rinnen
den Bachlauf Muttersprache nicht als Parodie
im Zerstümmeln: Inhalte zu begreifen!

5

Der Anderssprachige kann der selben Mutter-
Sprache zugehörig sein und trotzdem im Nicht-
Verstehen den Kopf hin und her wägen. Die Butter
auf dem Brot ist die Alltäglichkeit, die Pflicht

auf den Nächsten einzugehen, denn diese Haltung
fördert das Verstehen, die Einzelheit zu sehen
die jedes Wort der Muttersprache in sich birgt: Alterung
ist nie das Problem: im Gegenteil, Verstehen

beginnt im ständigen Aufbegehren
des Anderen Lippen zu suchen
um dem Tone, auch dem Untertone, wortlos

ständig er, der mitschwingt, das Belehren
als Nachfrage stets zu deuten. Verbuchen
kannst Du dann die Schwingen des Albatros.

6

Das Goethewort »Niemand hört, als was
er weiß.« Von der Jugend auf
mit muttersprachlichen Mitteln wird das
was den Raum erfüllt zuhauf

in Missverstehen enden, wenn nicht Raum
und Zeit sich die Hände des ›Verstehen-Wollen‹
näher rücken, um das nie Gehörte, im Baum
der Blätter Rollen –Wort bei Wort – im Schmollen

das Nichtverstehen niemals anzuhören.
So vermenschlicht sich das Mittel – Gedanken –
durch die Sinne zu befördern, um zu sehen

welche Richtung nimmt der Sprechende ein. Beschwören
als Sprachstörung das Nichtversehen? In Schranken
Hinschauen lernen: Auch das Fühlen ist tiefstes Verstehen.

7

… es blieb Masse: Meer …

»Denkarbeit leisten ist das Grundprinzip (1)
den Anderen zu verstehen. Der Sprachmeister ist:
Das kann der Bauer sein, dem die Weisheit als Tipp
in seiner Mundart mitgegeben.« Man vergisst

Teil- oder Halbwahrheiten sind die Quellen.
Das Nachfragen im Alptraum zu verstummen?
Denn Wahr hat mit der Ästhetik Wellen
kaum zu tun, es sei denn, ich will im Vermummen

die Macht des Wortes als Selbstzweck
missbrauchen, dort das Ziel
die Muttersprache aus dem Selbst heraus genießen.

Ich ging oft in all diese Fallen, als Geck
das Feld zu verlassen den Priel
den Tatbestand des Meeres ins Wort zu gießen.

Leo Weisgerber: »Die Muttersprache im Aufbau unserer Kultur« (1)

Teil XVI

Marx/Marxismus

»Religion ist Opium fürs Volk!« (Marx)
Heraklit meint: »Gesetz ist auch, dem Willen eines Einzelnen
zu folgen!«

***

Kommunismus muss nicht unbedingt für den Einzelnen allein
kein Opium sein.
Der Morgen strömt im leichten Säuseln mir die Bilder der
Nacht in die Träume.
Quelle des Irrtums ist nicht immer nur das Nichtverstehen.
Halbwissen soll oft schon Wissen sein. Uneingeschränkt ver-
masst die Politik den Schein alleiniger Herrscher: als gewählt,
selbst Gott zu sein!
Der getarnte Tod. »Russland und der Nihilismus«, ein Auf-
satz von Hildegard Schadler, Hon. Prof., geb. 1902 in Kiel.
»Der Sultan hat seine Sache auf nichts als sich gestellt, er ist
alles allein in allem, ist sich der Einzige und duldet keinen, der
es wagte, nicht einer der Seinen zu sein.«
Der russische Dichter Turgenjew beschreibt ihn als Men-
schen, der sich vor keiner Autorität beugt, der kein Prinzip auf
Treu und Glauben annimmt, gleichviel, in wie hohem Ansehen
dieses Prinzip in der Meinung der Menschen stehe, und nennt
ihn den Nihilisten.
An der Stelle gehen meine Gedanken andere Wege! Dieser
vordem beschriebene Nihilist, er will Mauern einreißen, Töten;
er möchte selbst an der Stelle des anfangs genannten Sultans
sein. Herrscher ablösen! Das ist das Prinzip. Blind etwas än-
dern: Das erzeugt ein neues Nichts.

Karl Jaspers dazu:»... dass die ausschließlich gläubige Hinwendung zu dem überweltlichen, transzendenten Gott unter Vernachlässigung der von ihm geschaffenen Welt geeignet sei, den geistigen und politischen Nihilismus hervorzubringen.«

1880, eine typisch russische Zwischenetappe zwischen Nihilismus und Sozialismus!
Wie kann ich aber Nihilismus zum Sozialismus auflösen, um zum Nihilisten zu gelangen?
Ich erlebte diesen Vor-Kommunismus in der DDR (in meiner Kinderheimat) von Hamburg, BRD, aus. Die armen Kinder von Arbeitern durften studieren. Die Kinder von Dr. und Prof. mussten in den Militärdienst oder aufs Land ... in den Stall!
Das war der große Zwischenschritt, was diese Revolutionäre bewerkstelligten: Sie vergaßen aber, dass die Arbeiterkinder, ausstudiert, eine neue – von ihnen nicht gewollte – Herrscherfunktion einnahmen. Im Grunde hätten sie diese Generation von studierten Arbeiter-Kindern wieder aufs Land schicken müssen. Aber das war ja nicht ihr Sinn, das Nichts neu zu verhandeln. Und im Himmel dann? Der Arbeiter – Gott!

So war die von dem deutschen Nationalsozialismus propagierte Trennung von dem Irdischen und dem Himmlischen nicht nur eine aus dem gemäßigten Sozialismus übernommene Parole, letzten Endes Produkt und zugleich Treibkraft eines Nihilismus, Versuch der lebendigen Gottes-Kindschaft durch die Inthronisierung eines Nichts zur Herrschaft auf der Erde und damit in Wahrheit auch über den Himmel!
»Naive jüngere Brüder der Turgenjewschen und Dostojewskischen Nihilisten sind die Vagabunden und Landstreicher Maxim Gorkis, der, selbst in der Jugend durch einen verfehlten Selbstmordversuch hindurchgegangen, sich zum Sozialisten und Freunde LENINS entwickelte.«

»Im leeren Raum des Nichts errichtet alsbald das einsam gewordene Ich den eigenen Thron. Es ist der radikale durchgeführte Versuch, sich selbst in den Mittelpunkt des Weltalls zu setzen.«

Das Nichts aufzulösen ist ein seltsames Unterfangen: ein neues Nichts? Hier liegt das Problem in der Sprache, in der Wortbildung an sich!

Etwas Nichtzufassendes, ob das Sein Heideggers oder Turgenjew Nihilismus, sie alle geben diesem Nichts einen Begriff für das, was nicht zu greifen ist: und greifen, greifen, bis sie merken, eines Tages selbst dort zu stehen und herrschen, beuten aus – das – jenes, was sie doch abschaffen wollten: andere Menschen, ob gelb, rot, schwarz etc., auszubeuten!

Wer gegen das Nichts kämpft, der kämpft im Grunde gegen sich selbst … ohne es zu merken!

Wir müssen zuerst den Affen überwinden und dann den Menschen. Oder? Zu beginnen, das Ich als Masse zu betrachten, um in der Aufgliederung von Sein und Zeit die Benennungen, die nichts-sagend WORT wurden, beiseite zu stellen, um geschlossenen Auges wieder sehen zu lernen. Auch das ist: Muttersprache – Ich bei Ich – und doch Nichts: wobei Nichts lediglich ein menschlich Wort!

W. von Humboldt: »Mehrere Sprachen sind nicht ebenso viele Bezeichnungen einer Sache, es sind verschiedene Ansichten derselben, und wenn die Sache kein Gegenstand der äußeren Sinne ist, sind es ebensoviele, von jedem anders gebildete Sachen.«

Ein Satz, mit dem man sich schon auseinandersetzen sollte.

***

1

Introspektion

Hinwegräumen der Verschiedenheiten.
Lösung sprachlicher Gleichschaltung.
Staatsdenken, Spannungen geleiten.
Feindschaften verstärken? Die Verwaltung

vom Zaren genommen:
Revolutionsdelikt.
Familien zerronnen.
Der Mensch im Bahnhof-Konflikt

hier, die Weichen zu stellen.
Es bedarf der Muttersprachen Pflicht:
Geschichte nicht anzubellen

sondern im Glanz zu erhellen
in der Sonderkondition das Licht
einzulenken: Gott in Frage zu stellen?

So nicht! Das Wort ist aller Sparten Pflicht
Introspektion? Die Fähigkeit sich selbst zu betrachten ...!

XVI/2

Empathie

O.K. Der Nihilist – mit Macht – er will
selbst im ›Goldenen Sessel‹ thronen
und dort das neue alte Licht im Nihil
mit Opium sich siegreich will belohnen.

Neue Grenzen werden im Wort gezogen: DDR– BRD!
Der Sozialismus nahm Großvater – zuerst sein Land
dann seine Kühe, Schweine und dann OW
seine Freunde, die Pferde. Da wand

sich sein Denken und Fühlen ein in das Staaten-
Reich. Im Krieg alles – seinen Sohn – verloren!
Hoch lebe die Einheit im VEB.

Mein Patenonkel bewirtschaftete nachts mit Spaten
und Hacke seinen Restbestand, die letzten eigenen Poren
bis zum Tode in Eis und Schnee.

… geboren für die Gemeinsamkeit – alle Zeit …
Empathie: die Fähigkeit, sich in andere hineinzuversetzen!

XVI/3

Das Weltbild der deutschen Sprache (Leo Weisgerber I–IV)

S. 7: »Die Sprache ist kein ERGON, kein abgeschlossenes ruhendes Gebilde, sondern eine ENERGEIA, eine immerfort tätige Kraft, die Sprache als eine Kraft geistigen Gestaltens, aus den Grundbedingungen der gegebenen Welt und des menschlichen Geistes, die gedankliche Zwischenwelt herausformt, in deren geistiger ›Wirklichkeit‹ das bewusste menschliche Tun sich weiterhin abspielt.«

** ** **

Die geistige Zwischenwelt als Ergebnis sehen.
Geistige Arbeit bleibt gedanklich ein Bild
im Sternenraum gegeben. Verstehen?
Dafür fand der menschliche Sinn die Sprache als Schild.

Der irdische Standpunkt, Ich, Volk, Menschheit
will durcharbeitet werden. Im ständigen Streben
den Hirnzellen einzubläuen die weit
geöffnete Szene die Wörter im Selbst zu leben.

Ob Sozialist oder Demokrat? Menschen
im ständigen Streben nicht dem Wort zu verfallen
den Willen zur Macht als ERGON gestalten.

Die Zwischenwelt der Gedanken liegt im Schein
nicht mit dem Weltbild Sprache zu lallen
dann bekommt selbst der Nihilismus seine eigenen Falten.

XVI/4

S. 18: »Die Sprache selbst ist der Ort, an dem sich der Aufbau
der gedanklichen Zwischenwelt vollzieht, der Weg, auf dem
die Welt des Seins in eine solche des Bewusst-Seins überführt
wird.«

***

Für mich, beileibe, liegt dort das Wort begraben
wo aufgenommen stets ein ERGON ist
geformt vom Außennetz, Raben
oder Schaben, als Mensch versuchten eine List

über das zum ERGON abgestumpfte leere Gerede
zum bittersüßen Ton der Dich umgaukeln soll.
Das Wörtchen Gott, als Nihil, gemacht zur Fehde?
Im Machtkampf Sozialist ohne Groll

in den Bereichen, von ihnen gelten:
als überwunden! Mit neuen Titeln
Lenin, Marx, das Denken zu stunden!

So gehst Du bewusst in die Zwischenwelten:
mit Marx, Lenin und dem Zar zu vermitteln:
Du steigst erneut in den Ring: um zu gesunden!

XVI/5

S. 18: »Vielmehr ist die Sprache der Ort, an dem sich der Auf-
bau der gedanklichen Zwischenräume vollzieht, der Weg, auf
dem die Welt des Seins in eine solche des Bewusstsein-Seins
übergeführt wird.«

***

Mit Teilansichten wird der Mensch abgetan.
Lebenswelt wird Sternenzelt: kommun!
Sternbilder berauschen leere Worte, die spontan
das Volk begeistern sollten. Mit Ruhm

hat sich das Soziale nicht bekleckert.
Auch der Sozialismus geht den Weg
durch diese Zwischenwelt. Wer meckert
der wird nach Sibirien verbannt. Der Beleg

den sprachlichen Bereich in jene Welt zu legen
wo das Machtwort DDR Gesetz
einen Freund, der einen politischen Witz

öffentlich beim Bierchen-Segen
zum Besten gab, er bekam im Fangnetz:
Zwischenwelt seinen Sibirien-Sitz!

XVI/6

»Sprachganzheit umschließt Lebensganzheit!«
So umtanzt das Feld – Kerngehalt
die Äußerlichkeit.
Wer nicht mitzieht wird mit Gesetzes-Gewalt

der neuen Herrscher in jenen Zwischenraum
hineingezogen, dort, wo das Ganze
außerhalb des Gebens – ein Blatt am Baum:
Ein menschliches Wort bittet zum Tanze!

Der Bedeutungsbereich ist jener Wille zur Macht
in dem man sich jenseitig bekämpfte:
die Gegenseite, so das Proletariat.

Zum Ruhme zu geleiten in sozialer Pracht?
Die nächste Generation das Kommune dämpft
Wer hatte Recht? Nicht Du, sondern allein der Staat!

XVI/7

Die DDR sollte ein Un-Rechtsstaat sein?
Nein, so stimmten sie mit allen Prozenten
dem Refugium zu: Staatsmacht ist der Verein.
Marxismus war Pflicht dem Dozenten

in einfachen Schulen bis hinauf ins Oberhaus.
Nach der Einigung schrie man auf beiden Seiten
dass die DDR ein Unrechtsstaat war. Oh Graus:
Wie breit sollte man Recht jetzt noch weiten?

Hier wie dort hat der Staat sein Recht: gegeben.
Vom Volk durch die Wahl an den Urnen, ergab: ZAHL.
Wer, wo, wann entschied? Recht bleibt Recht: im Wort.

Doch die Zwischenwelt entschied das Leben
per Kreuzchen – wie überall – DEMOKRATIE die Wahl.
Mancher Mauertod ward später dann zum Mord!

… Recht jenseits aller Kategorien: und trotzdem RECHT!
… Jedes Wort ist immer zuerst in der Zwischenwelt zu Hause
… ganz normal – menschlich geseh'n …!

XVII/

Schauspieler und das Bodenlose: Wort, Text, der Autor selbst …!

»Sie sind wie taub: hören, aber verstehen nicht. Der Spruch bezeugt's ihnen, Anwesende sind abwesend.« (Heraklit)

***

Vorausgedacht sind alles Befindlichkeiten
die vordem angeklungen – ein Endprodukt –
an Oberflächen Schauspielkunst, um zu gestalten
das Teilgedachte des Autoren Aquädukt

das Wasser, hier das Wort, über einen Schlüssel
vom Autor als Vielheit in seinem Werk
das bodenlose Wort teilweise zum Lebens Rüssel
ziert: hier liegt es allein in Zuhörers Augenvermerk

Gegebenes in eigener Nachdichtung in die Fassade
einzutauchen – Wort für Wort – aus der Vielheit SEHEN
in das eigene Verstehen einzutauchen.

Also hinein in die dichterische Leben-Parade.
Die Begriffe, alle, umzuformen. Des Autors Lehen
zu schmieden. Das eigene Begehen im eigen Wort – gebrauchen.

VXII/1

S. 35: »Lautform und Inhalt bilden ein Ganzes in dem Sinne, dass das eine ohne das andere nicht bestehen kann.«
»Die sprachlichen Zeichen gehören nun all zu den künstlichen Zeichen.«
»Das Künstliche Zeichen wird vom Geist in das Geschehn hineingetragen.«

***

Die Eigenständigkeit im Grunde
ist zwei Mal gegeben. Im Erkennen
dem Autor in Moral oder das Nichtgesunde
wie beschrieben im eignen Sinn zu benennen.

Die Frage rückt somit in den Mittelpunkt
was, und wie will ich mein Verstehen im Umlauf
der Innenwelt eines Volkes geben, das unkt?
Sie geben ihre Sprache doch langsam auf.

Das Umfeld die Dichtung des 10.
und 11. Jahrhunderts: ausnahmslos Latein.
Künstliche Zeichen boten dem Volk die Stirn

nicht lange den Geist als Aussparung zu sehn.
Das größte Geschenk, das wir uns schenken ein
ist die Sprache des Geistes und der Seele wortlos' Gestirn!

Alle von 1 bis 7 vorweggenommenen Ansätze sind aus:
»Die geschichtliche Kraft der Deutschen Sprache«, Leo Weisgerber Band I–IV

XVII/2

W. von Humboldt: »Die Sprache und die Verschiedenheit
müssen als eine die Geschichte der Menschheit durchwaltende
Macht betrachtet werden.«
»Wir können sagen, dass mit dem Volksnamen der Deutschen
eine neue Idee, geschichtliche Wirklichkeit, begann und dass
bei der Prägung dieser Idee der Gedanke der Muttersprache
entscheidende Bedeutung hatte.«

***

Diese Idee – Deutsch – ist keine neue Idee.
Ganz gleich wo Volk an Volk die Klingen kreuzen
Wort an Wort. Dort beginnt das Große Olé:
Geschichte der Muttersprache ist zum Schnäuzen

nur ein Aderlass, geht man nicht hinein
in das Gedränge, die Bedeutung aufzuklären.
Meine Muttersprache ist nicht nur Schein
Wörter an die Wand zu malen! In imaginären

Oberflächen – Kult – Muttersprache nicht
im Grundgesetz als Volkes-Eigentum – zu tätigen
in der Allmacht dem Geschrei anderer Redensarten

zuzulassen. Jedes Volk trägt sein eigenes Gesicht
in die Geschichte ein. Es sind nicht nur die Adligen
die die Stimmen prägen: Volk bildet als Einheit diese Sparten!

… Auch wenn sie später stirbt, bleibt sie die Muttersprache …
des Volkes Licht!

XVII/3

IV, S. 106:»Im 13. Jahrhundert ist bereits im Einflussbereich
der Hanse eine niederdeutsche Schreibsprache der Hansa
entwickelt, die dem Charakter der norddeutschen Städte als
Mittelpunkten großräumigen Handels entsprechend sich als
eine Verkehrssprache ohne allzu starke örtliche Bedingungen
darstellt.«
»Nicht Wörterschöpfung, sondern Bedeutungswandel ist die
Arbeit der ritterlichen Dichter an der Dt. Sprache!«

***

Aus dem Stillstand den Wandel einzuläuten
ist dem Autor mitgegeben.
So entwickelte sich aus Stillstand ein Weiterschreiten
und aus dem Niederdeutsch, der Sprache: Leben

entwickelte sich aus dem Platt
das Hochdeutsche, das heute Gegebene.
Beide Sprachen finden heute noch statt.
Das ist das Tiefste, das Bewegende

als Autor die Sprache Mutters am Bande:
sie sprach nur Niederdeutsch und Vater
hielt dem königlich stand.

In der Schule, als Kriegskind auf dem Lande
Mutters, da klaffte anfangs in der Schule ein Krater:
Modersproke mit Hochdeutsch ich fröhlich band.

XVII/4

IV, S. 121: »Der Übergang vom Latein zur Volkssprache im
13. Jhd., den wir in dem mythisch-religiösen Schrifttum wie
bei der Geschäftssprache verfolgen, beruht hier wie dort auf
biologischer Nötigung zur Muttersprache.«
S. 126: »Äußerlich erscheint hd. Muttersprache als eine Ent-
lehnung aus dem Niederdeutschen, wo der Typ modersprake
schon ein Jahrhundert früher belegt ist.«

****

Martin Luther übersetzte die Bibel.
Damit auch das Volk im Kirchenchor
das, was sie hörten in der lat. Fibel
die Sinne befriedigte, und nicht nur das Ohr.

Nietzsche erwähnte dann den Mutterwitz.
Er sei den Müttern gegeben: verbunden.
Ich fragte mich, wie könnt ich das als Kiebitz
erfahren? Es war eine fröhliche Runde mit gesunden

Gesprächen. Ein Freund der Mathematik
bewandert erzählte in unserem Kreis
Formel auf Formel: Alles und Nichts war dabei!

Wir staunten mit offenem Mund. Trick?
oder Mutterwitz? Sie fragte nur: »Geht das?«
und die Formeln waren schweigend dahin; auf Gut und Ge-
deih!

XVII/5

IV, S. 149: »In Leipzig hielt 1518 Peter Schade eine akademische Rede über das vergleichende Studium. Die Rede gipfelte in den Hauptsprachsätzen: Vor Gott liegen alle Sprachen offen. Kenntnis der Sprachen ist eine engelhafte Gabe. Einsicht in die Sprachen gehört zur himmlischen Glückseligkeit!«

***

Eine engelhafte Gabe ist das Erkennen
solange nachzufragen, um die Einheit Engel
über das Masse-Wort »Etwas« zu benennen.
Die Größe der Muttersprache im Getängel

der kirchlichen göttlichen Einheit
Zu erfahren? Vor dem All – hier – gottbenannt –
muss es gelingen – Raum und Zeit –
als Einheit bleibend erkannt

die totale Ganzheit in der Vielheit
durch Zeichen anzudeuten.
Mit dem Endprodukt den Himmel zu begeh'n.

Dort endet der Nihilismus als Wort der Zeit.
Und das Gerede von den Leuten …!
Dann kannst Du tags am Himmel die Sterne sehn.

XVII/6

VI, S. 125: »Die verschiedenen Sprachen machen die natürliche
Scheidewand der Völker und Länder, sie machen die großen
innerlichen Verschiedenheiten der Völker, damit der Reiz und
Kampf lebendigere Kräfte und Triebe entstehen, wodurch die
Geister in Lebendigkeit erhalten werden; denn für die Übung
des Geistes ist das menschliche Geschlecht erschaffen.«

***

Die natürliche Scheidewand, sie beginnt bei Dir.
Der Reiz im Kampfe lebendig zu bleiben!
Hier liegt im Wort der Reiz, nicht im Krieg, Tier
zu werden, Völker und Länder zerfallen in Scheiben

von Machtgier und Raffsucht! Ist das gemeint
mit Kampf dem menschlichen Geschlecht?
Als Wesen des Geistes Dir so erscheint?
Dann sind die geistigen Triebe mit Recht

jenes blinde Unterfangen.
Lebendige Kräfte als Trieb zu verstehen?
Die Scheidewand zwischen Volk und Land

kann geistig nur entstehen, wenn im Bangen
man mir die Kälte lässt vergehen!
Geist und Kampf … in einer Hand! …

XVII/7

Und noch am Ende
beschwöre ich die Wende der Besinnung
eins zu werden mit der Spende
Gen bei Gen, des Geistes Bestimmung.

Aufrecht zu gehen, selbst im Schlaf
den Traum zu deuten, als Angriff
auf das leidige Thema: Mensch oder Schaf?
Die Allmacht des Gedankens – Schiff

vom Idol, dem Gegenstand der Verehrung
Mensch zu werden.
In der geistigen Vermehrung

jenes Licht zu bleiben auf Erden
das den Äther erhellen mag:
Jahr um Jahr – Tag um Tag.

IV, S. 246: »Dass diese im Umschaffen der Erscheinungen
sich gestaltende geistige Welt nur selbst kein ERGON kein
geschlossenes Gebilde, sondern eine ENERGEIA, eine immer-
fort weiter wirkende Kraft ist, lehrte uns die Ausdeutung des
Sprachgebrauchs.«

XVIII/1

Pauperismus: Massearmut Sprache

»Sie sind wie taub: hören, aber verstehen nicht. Der Spruch
bezeugt's ihnen: Anwesende sind abwesend.«
»Denn es wählen Eins vor Allem die Edelsten ewigen Ruhm
unter den Sterblichen. Die Vielen aber sind satt wie Vieh!«
(Heraklit)

***

Pauperismus ist eine Verblendung
das Wort aus der Asche zu heben.
Sprache wurde dort Vollendung
des Nichtverstehens, im Streben

das Licht in die Dunkelheit zu entsenden
geschloss'nen Auges das Wunder Mutter-
Sprache als Einheit verwenden.
Trugschluss auf Trugschluss schwimmt mit dem Kutter

hinaus zum Fischen aufs Meer
dort wo sie die Tropfen in Vielheit
die Weite auszuloten meinten.

Da stieg er um, sprang hinein in das Wehr
der Vielheit und er begriff Sein und Zeit
in Einheits-Tropfen zu verstehen: Sie aber weinte!

XVIII/2

Leo Keffler: »Die Pauperisierung des Individuums besteht also keineswegs darin, dass es überhaupt keine Gefühle und Vorstellungen mehr hat, sondern hauptsächlich darin, dass seine oft sogar als tiefst erlebten Gefühle und Vorstellungen zu einem Hindernis für das Begreifen der Wirklichkeit werden, im Prozess der Entfremdung und Verdinglichung abgeben.«

***

Der Pauperismus: veraltet für Massenarmut.
So vergeistigt sich in mir das Bild
der Sprachlichkeit, das absolut
Gegebene, nur nach außen getragene Schild.

Sich im Glauben und Wissen verbarrikadiert
zu haben. In Sprachlosigkeit versinken?
Armut beginnt für mich, das Sprechen, verziert
aufzugeben. Man beginnt zu sinnieren, zu trinken

und weiß am Ende nicht einmal
was Sache ist. Wissen und Sprache
ist nur dann ein sanftes Ruhekissen

wird die Moral Außenbordmotor, egal
wohin der Wind dich treibt. Als generelle Sache
gilt: nimmer mehr die falsche Fahne zu hissen.

… Sprache ist Lebenssinn nicht Masse als Zubehör! …

XVIII/3

Die Armut zu sprechen
ist die Angst sich zu vermummen!
In den Hallen, in den Zechen
spüre ich das Wort im Gedanken zu verstummen.

Die Armut beginnt im Sich-Bekennen
zu schweigen, dort wo das Wort dir zeigt:
Alles ist aus dem Selbst zu benennen
es verstummt, wenn die Seele schweigt.

Oft sprach ich in meiner Seele Belangen
das aus, was mich bedrückt
niemand verstand es, da ich mich

offenbarte. Da fühlten sich die meisten befangen
sie redeten nicht mehr. Entrückt
war ihr Sprechen, ihr eigenes Ich.

XVIII/4

»Die sind wie taub, hören, aber verstehen nicht.«
Heraklit vergaß, die meisten wissen gar nicht
was Sprache ist, welchen Schatz wir im Gesicht
mit der Mimik, als Sprach-Verzicht

uns allen verloren geht. Schweigen
Mundhalten, ward uns befohlen
nicht die Armut – Sprache denen zeigen
die dich belächeln mit Parolen

Dr.-Titeln, und Hochwohlgeboren. Ich sah
Menschen tausendfach weinen: warum?
Sie hatten verlernt zu sprechen.

Da liegt der Seele Last, ob Gott, Allah
im großen unerkennbaren Auditorium
in den Werkhallen, Gruben und Zechen.

… Sprache ist unser aller Geschenk: denkt daran …!

XVIII/5

III, S. 203: Die Muttersprache im Aufbau unserer Kultur
»Man hat oft genug davon gesprochen, dass der Verstehende
letztlich ein Nach-Schöpfer sein muss, und dass ihm soviel von
dem Gehalt lebendig bleiben kann, wie er seinen Sprachkräften
gemäß ins Leben zurückrufen kann.«

***

Das Erfassen des Reichtums Sprache
ist die Fülle lebendiger Selbstachtung
Wörter nur als Hüllen zu verstehen, als Suche
die bestückt mit Eigenem, um nicht der Umnachtung

zu verfallen. Zeichen werden Gedanken.
Verstehen setzt aber – Sehen und Hören – voraus.
Damit das Hören zum Sehen wird, sind die Schranken
solange heruntergefahren, wie das Kartenhaus

sich im Winde halten kann. Die Armut aller
»nicht anwesend zu sein« ist nicht nur Spruch
sondern ›Tiefste Einsicht‹ : weit und breit

im Hören, Sehen zu lernen, zu fühlen als Knaller
sich selbst im Nachschöpfen aus dem Buch
zu erkennen das Wort in deiner Zeit!

XVIII/6

III, S. 26: »dass die Muttersprache zur geistigen Lebenskraft des menschlichen Lebens gehöre, so ist damit etwas ebenso Richtiges wie Wichtiges gesagt. Mit der gleichen Selbstverständlichkeit wie die Luft zum Atmen nehmen wir in unserem geistigen Leben die Sprache mit ein ...!«

***

Spracherlernung beginnt bei der Atmung
wenn das Kind der Mutter Sprache plappert nach.
Hülle und Fülle = Kleidung und Nahrung: Klärung?
Kind und uneheliche Kinder = Kind und Kegel. Das Fach

der Forschung woher die Beziehung
als Erscheinung zur Sprache, wurde zum Bild!
Ist im Wortgut nachzuforschen. Die Zumutung
von Raum und Zeit zum Freiwild

wird zur Suchkultur, geistiger Struktur.
Zu Beginn ist das Hören sicherlich dem Lippenbeben
der Sprachhinwendung – dieses stumme Wesen –

das die Lippen geschlossen hielt. Nur
Training ist auch – Schlappen – einzugestehen. Eben
dann beginnt man langsam mit dem Lesen ...!

XVIII/7

S. 114: »Heilige Schriften erheben zumeist den Anspruch ›Wort Gottes‹ zu sein. In dieser mit innerer Notwendigkeit auftretenden Anschauung steckt eine Kernfrage des Verhältnisses von Sprache und Religion, und wir müssen versuchen den Kreis dieser Fragen abzustecken.«

***

Dort, wo Gefühl und Sprache, wortbefreit
sich entblößen gilt die Sehnsucht
sich zu entäußern. Hier ist es gescheit
nicht gänzlich jene Flucht

zu ergreifen – Gefühl und Sprache – zu binden.
Da liegt der Kern – jenes Missverstehen –
den Gedanken in Magie und Mythos zu winden.
Die Sprache hat für dieses Vergehen

keine Moral als Ganzes. Um zu gesunden?
Gleichklang zu gelingen? Es sei denn:
Der Blick-Kontakt erkennt diese Phasen

Wort und Gefühl immer in einheitliche Runden
Einkehr halten zu lassen. Ich nenn’
sie die ungeschickten Sprachklassen.

… Raum und Zeit ist dort befreit …

XIX

Uniform und Maske: Metamorphosen des Nihilismus

»Der Weg hinauf und hinab ist derselbe.«

Nichts und alles ist im Grunde, von mir aus gesehen, *ein* Wort. Nihilismus ist doch lediglich nichts und alles; so gesehen die ganze Angelegenheit: wortbefreit nur Form, wörtchengebende Marotte, das, was nicht zu fassen ist, mit Zeichen zu bewörteln. Der Lehrer in meiner Schulzeit malte Punkte an die Wandtafel und sagte dazu: »Das, was ich hier andeute, müsst ihr euch als gedacht vorstellen, Punkte sind immer nur gedachte Zeichen … und bei der Ziffer Null, wie will ich das, dieses Null und Nichtige, ins Wort hinein manövrieren?

H. Rausching, 1887 in Thor (Westpreußen) geb., Musikwissenschaftler und Politiker, meint dazu:»Fragen nach einem Sinn sind sinnlos geworden! Der Mensch zweifelt nicht mehr, weil es nichts zu bezweifeln gibt. Er zweifelt und fragt nicht mehr, weil er im Besitz der Wahrheit und der Wirklichkeit ist, sondern weil es weder Wahrheit noch Wirklichkeit, weder Sinn noch Bestimmung in seinem Dasein gibt.«

Aus: »Der Nihilismus als Phänomen der Geistesgeschichte«.

Sollte es keine Wahrheit und Wirklichkeit geben, dann wäre doch genau betrachtet diese Aussage eine (seine) wahre Wirklichkeit. Also ist diese Aussage doch nur eine Maske, von dem, was nicht wahr sein kann, und damit wird diese Aussage seine Wahrheit – ob er will oder nicht.

Stelle ich diese Maske in einen leeren Raum, dann gibt es ein Davor und ein Dahinter! Wenn davor meine Welt ist, dann ist dahinter auch meine Welt, also nehme ich die Maske (mein Wort) beiseite und löse damit diese Wahrheit ein, zu sein! Das Jetzt – Leben oder Tod – bilden diese zurzeit noch unbezwingbaren Nuancen, die Momentaufnahme des kleinsten Momentes zu greifen, dann komme ich nicht drum herum die Maske einfach zu verrücken, und schon kam ich dazu, Wahrheit und Wirklichkeit aus der Mathematik (dem Zahlenindex) in die wörtliche Maske zu fassen. Nach Heraklit: »Der Weg hinauf und hinab ist derselbe.«

Nehme ich das Wort Null oder Nihil = Nichts, dann bestimmt das Gesetz, vom Menschen erstellt, was wahr oder wirklich ist! S, 100: »Das Wort stammt aus der lateinischen Sprache, aus dem Ausdruck für ›nichts‹ nihil. Es soll demnach ein Zustand, eine Bestrebung bezeichnet werden, wo das Nichts, das Fehlen eines Etwas im Mittelpunkt steht … Der russische Nihilismus war im Wesentlichen eine Reaktion gegen den zaristischen Absolutismus. Es entstand als politische Bewegung aus der ersten geheimen politischen Gesellschaft in Russland, die 1825 zu der Dezember-Revolte geführt hat.«

An dieser Stelle setze ich wieder meine Maske in den Raum, wenn ich an F. Nietzsches Aussage erinnere: »Gott ist tot!« Dem Beispiel im zaristischen Russland und dieser seinen (F. N.) Aussage zufolge ist dies nichts anderes als vor der Maske zu stehen und gegen eine Wand zu schauen: wobei Wand hier schon Begriff – eine neue Maske!

Die Dezember-Rebellen in Russland hatten gewisse Vorstellungen, die ich mit Nihilismus – Nichts – in keiner Weise in Einklang bringen kann. Denn hier gibt es keine Maske – Nichts –, hier gibt es ganz konkrete Voraussetzungen den Zaren abzusetzen, um selbst das Zepter – hier im wahrsten Sinne des Wortes – in die Hand zu nehmen.

Bei »Gott ist tot« bringe ich diese Aussage mit dem Vor-Beispiel in die Parallele, dann ist »Gott ist tot!« nur für den alten Gott, einen neuen/alten Gott zu suchen: im Nichts. Er (F. N.) ist der Gekreuzigte und Gottsuchende, um den

Gott des Tanzes, Dionysos, mit seinen letzten eigenen Worten auszurufen!

Zwei Jahrtausende peitschte man den christlichen Gott im wahrsten Sinne des Wortes durch die Welt: folterte, schlug ans Kreuz Andersdeutende, verbrannte Frauen als Hexen und versprach der – Nichts im Sinne Wirklichkeit – der Seele dann, wenn man den Ablass tätigte: das Himmelreich. Und was war das Himmelreich? … Macht, mächtiger, Ohnmacht; eine Maske, die von ›machtbesessenen Kirchenfürsten‹ usw. selbst Krieg – Gott gegen Gott – fürwahr den Menschen einbläuten! Heraus kam eine Schimäre, eine Ablass-Figur, die zum Himmel schrie! »In der Praxis ist auch der Sozialismus nicht wissenschaftliche Doktrin, sondern irrationaler Mythos!« S. 112 (H. R.) (F. N.) »Gott ist tot« ist im gleichen Sinne, der Meinung zu sein, im irrationalen Suchen einen neuen Gott auszurufen: »Nihilismus!« Unfassbar, unergründlich wie die Gottestheorie der christlichen Wissenschaft! Und doch sieht ein D. Cortes ihn als den Endzustand völliger Entleerung von Werten und Wahrheiten.

Turgenjew in »Väter und Söhne« (1862) gebrauchte den Ausdruck Nihilismus als jemand, der sich keiner Autorität fügt, unterwirft, sich zu keiner Doktrin bekennt.

Das Gleiche gilt dem Christentum, gleich welcher Auslegung und Abweichung von der inneren Doktrin der Abhängigkeit des Klerus.

Sie, die Revolutionäre und die, die dem Glauben abschworen, sind auf der Suche nach dem geweihten Etwas, das, was sicher die Überwindung des Menschen bedeutet; die Abnabelung vom Affen, hier in der westlichen Sphäre und dort im zaristischen Russland.

Wo der Glaube schwindet, dort wird sich der Aberglaube einstellen, die Suche nach einem überwundenen alten Glauben, der sie vom Sklaven befreit, um endlich Mensch zu werden.

Wir setzen durch »Wort an Wort« uns täglich neue Masken auf, da wir von der Vielheit, dem Ausgesprochenen des Gegenüber, nicht die Masken entfernen, um in die Einheit des Lichtes zurückzufinden.

So der Philosoph Ernst Cassirer, Hamburg verbunden: »Es ist jenseits der Macht der Philosophie, die politischen Mythen zu zerstören. Ein Mythos ist im gewissen Sinne unverwundbar. Er ist rationalen Argumenten gegenüber undurchdringlich!

H. B. in seinem Aufsatz weiter: »Als die Mythen starben, verloren die Menschen den Daseinsgrund und die Institutionen Rechtfertigung und Autorität.«

Eine Daseinsergreifung in der Transzendenz soll jetzt alte Bäche wieder zum Fließen bringen. »Einig deutsches Vaterland!«

Die Bedrohlichkeit dieses Phänomens steht außer Frage. Neue Illusionen werden künstlich hinter neu aufgestellten Masken aufgebaut. Aus dem neuen Mythos wird ein neuer Geist neue Wissenschaften ins Leben rufen, wenn nicht die Sozialisten sich vom arbeitenden Volk Paläste bauen lassen.

»... denn schließlich muss ein neues Dasein gelebt, nicht nur vorgedacht werden, und dort sitzen, in allen Glaubens-Metamorphosen, die Umwandlungsformer den einfachen Menschen vom Wissen zum Glauben zu überreden, um von dort eine Macht zum Selbstzweck aufzubauen: zu herrschen, wie Cäsar, Lenin, der kleine große Adolf und so weiter ... und so fort!

Leer wird zur wahren Lehre umfunktioniert und sie, die auf neue Revolutionäre warten. Alkoholismus, Drogensucht, dem Down-Syndrom, die alle den Menschen verändern – gewollt und auch ungewollt –, von innen wie von außen. »So kann der Nihilismus der Torbogen sein, durch den der Mensch in einem neuen Äon schreitet.« So verabschiedet sich H. Rausching in ein neues Welttheater, einen Zeitraum von Nähe und Ferne. Aber zuerst müssen wir von den Bäumen herabsteigen, das neue Gen, F. N. den Übermenschen, überwinden, der nichts anderes ist als jeder Bürger, geht er diesen einen (1) Schritt in sein Selbst und wird ganz normal einfach Mensch. Ich wollte gerade mit beiden Fäusten auf meine Brust trommeln, da ich diese Überlegung anstellte, und bremste mich dann doch, und stieg zuerst einmal ganz langsam vom Baum herab: Ich! Da hörte ich aus der Ferne die Laute von Marx: »Religion ist Opium fürs Volk.« Und ich stieg wieder auf einen Baum, um nicht aufzufallen. ... denn Heraklit meint: »Gesetz ist auch, dem Willen des Einzelnen zu folgen.« J. G. Seume meint: »Wo ein einziger Mann den Staat erhalten kann, ist der Staat in seiner Fäulnis kaum der Erhaltung wert.«

Und im Blätterwald, thronend, der Masse entronnen, blühten mir eigne Sonnen! Ein Säuseln schläferte mich ein ... einfach ich zu sein ... mehr nicht ...!

XIX/1

Jedes Wort
ist eine Maske.
Jeder Ort
wird dir zur Taste.

Jeder Sonnenstrahl
ist mir der Gegenzweck den Tag zu küren
bis zum tristen Marterpfahl.
Der Sinn, die Sinne zu verführen?

Ich dachte, dachte ich?
So wand sich manches Wort in die Spirale
floh aus dem Rechten Eheglück

in das Ein-malEins-Getöse. Es wich
der Sonne Strahl in dem Regale
und warf mir Wort als Wort zurück.

… und ich denke immer noch an Glück …! Wort an Wort …!

XIX/2

Luv, die dem Winde
zugekehrte Seite. Lee
das abgekehrte Gebinde
und im Rumpf das Weh.

Wach zu sein ist die Parole.
Kosmos ist, so wie Dein Leib
eine doppelte Welt, von der Sohle
an – gleich ob Mann oder Weib!

Rätselhaft ist nicht das Rätsel, das gegeben
Doppeldeutigkeit ist nur das Wort
denn die Kategorie von Luv und Lee

außenbords dort strömt das Leben
als Innenleben wachgeküsst am Bord.
Das ewige in den Wind gekehrte Weh!

XIX/3

In den Wind hinein: mein Wort.
Luv, diese ganze Breite hinein
in den Kosmos, der die Begrenzung vor Ort
das Schiff in den Wind gebracht. Klein

winzig klein ist der Begriff Luv und Lee
als Einheit zu verstehen. Die Doppeldeutigkeit
Hinein oder Hinaus ist wie im Winter der Schnee
geräumt des Steges, zum Gehen bereit.

Die Doppeldeutigkeit dieser Welt ist der Auswuchs
Nihilisten in den Tag hinaus zu senden
um die Grenzen zu vertuschen

die im Windgetöse – Alltag – wie ein Luchs
dem Volke wollen Seligkeiten spenden
damit sie demütigst vor dem Herren kuschen!

XIX/4

»Am leichtesten können wir uns noch verdeutlichen wie Kunst
und List die unteren Bezirke des Wissens, Könnens, Sich-auf-
etwasVerstehens, was hier aber untere oder obere Bereiche sind,
das gerade wurde von den höfischen Gesichtspunkten aus be-
stimmt, d. h. von gesellschaftlichen, ethischen, ästhetischen.«
(S. 100)

***

Uniform, so gebärt der Mensch seine Fragen.
Kunst und List sind die Masken pur
die nicht nur Künstler tragen.
Auch Götter zuhauf hängen stur

stur ihre Segel in den Wind.
Ob Luv oder Lee:
das Schiff kennt den Wind.
Das vorgegeb'ne Defilee

beginnt im Defilieren.
Maske auf; ein Demokrat.
Die Uniform geschultert? Ein Soldat.

So zieht die Kunst mit List auf allen Vieren
Wesen Mensch, hinein in den Spagat
in der Maskerade: immer Demokrat …!

XIX/5

IV, S. 206: »Die Sprache, und nicht bloß im Allgemeinen,
sondern jede besondere, auch die ärmste und roheste, ist an
und für sich ein des angestrengtesten Nachdenkens würdiger
Gegenstand.

***

Über die Sprache nachdenken? Nein:
Das ist nicht die meine Devise
sei sie die größte oder klein
das Resultat wird nur ein: miese!

In der Sprache sich beschenken
ist ein Plappern, nur ein Wortgetöse
denn als Gegenstand ist das Bedenken
an dieser Stelle arg und böse

da das Eigengetriebe – dieses Denken –
sich vom Worte lösen muss.
Dort wird der Glanz jedoch zur Hürde

denn das Wort als Teil ist das Verrecken
von der Sprache Gegenstand die Nuss!
Wortlos, dort beginnt das Denken, das ist die Bürde!

XIX/6

IV, S. 17: »Die Ganzheit von Muttersprache und Sprachgemeinschaft ist dann weiter in die Wirklichkeit ihres Vollzuges zu verfolgen.«

***

Muttersprache als Ganzheit zu erleben
das beginnt in Wirklichkeit
im Anderswo, der Brüste Beben
wenn das Kind noch wortlos schreit.

Sprachgemeinschaft ist die große Seligkeit
sich dieser Qualen anzunähern
wenn der Muttermund in Zweisamkeit
trotz Kriegsgetöse und den blinden Sehern

die der Ganzheit nie zu folgen wissen.
Denn die Bereitschaft, Eigenständigkeit
in das große Rund hinauszulassen

Sprachgemeinschaft auf das große Ruhekissen.
Nicht einmal ist der Beginn zu wagen, allzeit
Liebe als Ansatz anzufassen.

XIX/7

Schiller: »Das köstlichste Gut der deutschen Sprache, die alles
ausdrückt, das Tiefste und das Flüchtigste, den Geist, die Seele,
die voller Sinn ist. Die Sprache ist der Spiegel einer Nation!«

***

Alles auszudrücken besteht alleine in der Möglichkeit
wortlos alle Sinne einzugliedern
in das große Spinnennetz der eignen Offenheit
nicht geschnürt von Hass und Miedern

den die Rätselhaftigkeit der Hemisphäre
gibt im Grunde alle Kategorien auf.
Denn die Doppeldeutigkeit als Schimäre
wirft die Seele, den Geist zuhauf

anfangs gleich über Bord. So gesehen
wird die Sprache im innersten Erkennen
dieses köstliche Gut zu Herzen nehmen

als die Odyssee, das Sprachverstehen
aus der Vielfalt heraus Einzelnes zu benennen:
Kein Ich sollt' sich als Einheit beschämen

***

Heraklit: »Es gilt wach zu sein, um die Rätsel-
haftigkeit des Kosmos zu verstehen, um die
Doppeldeutigkeit dieser Welt, die doch EINE ist
zu begreifen.«

XX–XXI

Abschluss und Ende zugleich: Der Kreis

»Auf einer Kreisbahn kann jeder Anfangspunkt auch End-
punkt sein.«
»Alles, was wir gesehen und begriffen, das lassen wir da; was
wir aber nicht gesehen und nicht begreifen, das bringen wir
mit.« (Heraklit)

***

Hermann Wein, geb. 1912 in München, Prof. für Philosophie,
schreibt: »Der Mensch reißt die Mauern nieder, um sich seine
Freiheit zu wahren, aber nun ist er nur noch eine geschleifte
Festung, die sich den Sternen öffnet. Dann beginnt die Angst
vor dem Nichtsein.«
Heraklit: Er ließ das liegen, das Bollwerk, um das, was er
gesehen und begriffen, und das, was er nicht gesehen und nicht
begriffen hat, nahm es mit. H. Wein dagegen sollte, bevor man
Mauern, Gegenwart, einreißt, sich vordem – bewusst – das
bewusst machen, was einem der bestirnte Himmel als positiven
Ausgleich schaffen könnte.
Das, was wir begreifen und geseh'n, ist bei Heraklit dieser
Wunsch, den Sternenhimmel in seine Mauer einzubringen.
Denn? Denn sprenge ich Mauern, dann entstehen neue, und
selbst der bestirnte Himmel kann Mauer in sich werden, wenn
man mit dieser nuen Tiefe, Weite, sich nicht von vornherein
auseinandergesetzt hat.
Nehme ich z. B. den Mauerfall: BERLIN!
Es gab und gibt viele, die diese Mauer gerne behalten hätten,
sie lebten jetzt mauerlos: Sie sind geschockt über diese Freiheit,
da für sie neue, höhere Mauern auftauchten.

Selbst mauerlos sahen sie den bestirnten Himmel nicht! Aber das nicht Geschehene, nicht Begriffene fern der Mauern blieb als gesehen und begriffen als sternenlos vor einer neuen Mauer … besteh'n! Jetzt müssen sie die Trümmer gemeinsam beseite räumen. Ein anderes Beispiel über Anfang und Ende – MAUERN – einreißen, bringt einen noch sterneloseren Himmel, denk ich an die EU, an die Weltgemeinde Mensch insgesamt.

Lasst uns keine Mauern einreißen, sondern Stein für Stein, für jeden Stein –einen – nur auswechseln, um so von der Vielheit Mauer auf die Einheit Mensch zu gelangen! Dann wird NICHTS ein neuer bewusster Anfang – ohne Kategorien – von Gut und Böse usw.! Stein bei Stein. Schritt für Schritt! Heraklit ist der Meinung: »Auf einer Kreisbahn kann jeder Anfangspunkt auch Endpunkt sein.«

Die Gründe sind allein im Wort zu finden
dort, wo die Masse triumphiert
das kleine Wörtchen Mensch an das zu binden
was die Macht aufs Neu blamiert.

Das Recht zu reden wird im Kreise nie beginnen.
Jedes Ding ist Zahlenritual.
Der Möchtegern-Tyrann in allen Sinnen
ist Mensch dem Menschen stets egal.

So verschenke ich mein Wort, wo einst die Macht
ein Zeichen, Anfang im Tresor als WAHR gegeben
zum Recht, Gesetz erhob. Das Gesinde

ist das Leben in der offenen Nacht
dort, wo Dunkelheit wird Dir als Licht zum Leben
eingebläut. Glaube dem Kreis, auf dass der Anfang Dich finde.

XX/1

»Alles, was wir gesehen und begriffen, das lassen wir da; was
wir aber nicht geseh'n und nicht begriffen, das bringen wir
mit.« Heraklit

So gesehen
bin ich gefüllt
mit dem Geschehen
Wahrheiten unverhüllt

als Ungesehenes zu grüßen.
Das zu begreifen
liegt uns zu Füßen.
Und die Blicke schweifen

über das Mitgegebene hinweg.
Denn liegen ließen wir den Tand
den man an jedem Wege

ungeboren, als Beleg
sich eintüten kann. Das Band
das Neue öffnet Dir die neuen Stege!

XX/2

Ich atme aus das Ende
um neu zu beginnen.
Trage mein Haupt in die Wende
um stets neu zu gewinnen.

Der Ansatz ist ein Lichtmoment
– als Raum und Zeit
in Andacht verbrannte.
Himmel und Erde ist bereit

mein Ich als geboren aufzunehmen.
So war Anfang und Ende vorprogrammiert
um die Dunkelheit im JETZT zu stoppen.

In der Diallele, den Kreis zu besämen
mit jenem Ausklang unblamiert
den Tod mit Leben, in Allheit zu toppen!

XX/3

Das Auguren-Lächeln, das wissende
Gebaren, der Eingeweihten
zu entschlüsseln, das missende
Aufblinzeln der Gescheiten

am Grabe zu stehen:
den Krieg zu verdammen.
Und doch beim Selbst-Besehen
im Spiegelbild zusammen-

stehen mit der Ordensbrust:
behängt mit Gold und Diamanten.
In mir erübrigt sich der Tag

in Ruhe ohne tiefsten Frust
Krieg und Frieden, den bekannten
nicht nach Sinn und Zweck ich hinterfrag'.

XX/4

Jedes Ende beginnt ein neues Planen.
Jedes Ich verbindet das Du
mit dem Wörtchen der Ur-Ahnen.
Gib es endlich zu

jedes Wort trägt in sich die Geschichte
selbst die Ahnen, neu gefunden
diesen Reim. In Deinem Gedichte
ist die Furt jene Ackerfurche, um zu gesunden.

Das Brot im Korn, dem Felde abgerungen
Dir den Großvater holt vors Angesicht
den Tag nicht ohne den Abend zu loben.

Das Maß aller Inhalte wird abgerungen
dem Sein der Zeit – so auch mein Gedicht –
ins Plagiat-Wort: aufgehoben.

… Ich = Ich … 2 Plagiate: ein Wort! …

XX/5

So umrunde ich die Wende.
»Deutschland einig Vaterland!«
Sprach der kranke Wortgesunde
Das was war ist jetzt verbrannt.

Eine Kreisbahn endet. Eine neue, sie begann
wie der Kreis mit Kreide
an die Tafel gemalt. Es zerrann
nur lediglich der Gedanke in Seide

den Kreis zu öffnen, dafür war nicht gefeit
das außerirdische Transzendente
zu begreifen, dass jeder Anfangspunkt

in sich geschlossen bescheiden im Geleit
die abgeschlagene Tangente
sich alleine in der Zeit als Wort benutzt.

XX/6

Geboren das ist nur Symbol
ein Wort zu werden
um grundlos wie der Weide Herden
eingekerkert in dem Wohl

der Macht das Leuchten.
Deine Augen dem Gesetz zu unterwerfen
um die Macht der Politik zu schärfen
die eignen Lider anzufeuchten.

Gesehen so: den »Barfuß-Prophet«
Gandhi, mir Symbol
der Freiheit in sich. Er steht

am Gartenzaun und zählt den Kohl
das Land gelebt, geliebt zu haben:
Dann erschossen ihn die Schaben!

XX/7

Sokrates wusste, dass er nichts wusste
und gebar somit die Wahrheit in sich
den Rest, der Zweifelnden, gab er das Ich
in die Hand, als Wesen in der Kruste

des Daseins: Mensch zu werden.
Nichtwissen zu erkennen ist mit Verlaub
ein kalkuliertes Ergehen, in dem Staub
außerhalb der endlosen Herden

das Gesicht im Sinne RILKES zu verstehen!
»Seinen Atem als das unbekannte Gedicht«
aus dem Nichtwissen heraus in das Licht

zu führen. Sokrates betrat das Vergehen
die Annäherung an das Wort als transzendent
Nichtwissen ins Wissen zu erheben: sein Element!

XXI

Abschluss und Ende: Als Beginn

»Schlechte Zeugen sind Menschen Augen und Ohren, wenn die Seele deren Sprache nicht versteht.« (Heraklit)
Wolfgang Müller-Lauter, Uni Prof. für Philosophie, geb. 1924. Sein Aufsatz in diesem Buch. Titel: »Zarathustras Schatten hat lange Beine«.

»Dass der Nihilismus mit seinen Wurzeln tief in die abendländische Geistesgeschichte hineinreicht, ist heute unumstritten. Zum Bewusstsein dessen ist jedoch erst – nach dem Vorspiel eines sich antigeschichtlich gebärdenden nihilistischen Anarchismus in Russland – in der Philosophie Friedrich Nietzsches angelangt.«
Betrachte ich die Wurzeln des Nihilismus, dann ist dieser Gedanke der Untergrund für einzelne, sich außerhalb der Geschichte bewegende Wesen, die sich, wie auch immer, Gedanken machen, was nach totalen Systemen weitergeführt werden muss. Ob positiv oder negativ, das steht außer Frage.

Die Radikalisierung hat mit Augen und Ohren viel zu tun. Die Ohren achten auf den Klang der Vielheit, das Auge in der Vielheit eins zu sein. So reimen sich die Daten auf zu einem Zeichen. Auch das Kreuz ist Teil der Doppeldeutigkeit: Leben im Lichte zu verstehen, von der Dunkelheit befreit. An dieser Stelle ist es verwegen Mord und Totschlag dem Auge, dem Ohr zu verwehren: immer noch Mensch zu sein.

Dostojewskis Worte: »Kann man einwandfrei an die Göttlichkeit des Gottessohnes Jesu glauben? Kann man denn als ein zivilisierter Mensch überhaupt glauben?« … weiter dann: »Wenn er glaubt, so glaubt er nicht, außer dass er glaubt. Wenn er aber nicht glaubt, so glaubt er nicht, dass er glaubt!«
Hier wird Glaube in Wissen umgewandelt, denn die Frage

an sich gibt die Auskunft im Gehen, gegangen zu sein … mehr nicht …!

… so ich: im Kreis …!

XXI/1

Wo ist im Kreis die Seele
die mein Sehen lohnt
dem Ohre nicht verhehle
was im Sprachraum thront.

Im Kreise ich: mein Leben.
Beginn war auch der Seele Neugeburt.
Ich will dem Zeugen diesem Beben
hinweisen klar und doch absurd

dass dieses Ringen dieses Klatschen in den Saal
der Kreis war, Hülle in der das Leben ward.
Auch der erste Schrei, er war gelungen.

Aus dem Kiemenfisch ward atmend final
der Kreislaufbeginn. Der Zeuge ich: apart!
Im Fingerabdruck ward mir die Seele aufgezwungen.

XXI/2

Wie kann die Seele – undefinierbar – nicht
kreisgebunden ewiglich sein: so das Ritual?
Da stand dies Wörtchen: Ich, im Verzicht
dem Ohre nicht zu trauen: dem Auge war's egal.

Wohin der Kreis sich mag auch wenden
sei's nur ein Punkt, ein irdisch Gedicht
das die Lunge beflügelt ohne Beschwerden
Sauerstoff als Wunder – Anfang durchs Gesicht

in die Augen trieb. Und es stand da
sah dieses Wunder: Erbe meines Gen.
In meinen Augen erlosch das Funkeln.

Die Nachgeburt klatschte mit lautem Hurra
in des Zeugen Angesicht: Versteh'n?
Punkt an Punkt – der Seele Auge lag im Dunkeln.

… Seele, ein Wort ohne Gesicht …
… und doch will man Zeuge sein – sie – zu kennen …?

XXI/3

Anfang und Ende im Kreis

»Schlechte Zeugen sind Menschen Augen und Ohren, wenn
die Seele deren Sprache nicht versteht.« Heraklit

***

Ich ging hinaus, um einzukehren.
Hinein beschwor das Ich den Fall
im Selbst das Licht zu gewähren
aufzustehen auf der Erde Ball.

Augen und Ohren
›Seelensprache im Geleit‹
dem Atem erkoren
der Sinne silberne Zeit

zu öffnen im Verstehen
dem Zeugen etwas zu vermitteln.
Jedem Worte – Sinn – zu geben

für die Freiheit des ›Sichergeben‹:
Wahres für wahr zu betiteln.
Gewesen ward im Kreise wahr: das Leben!

XXI/4

Anfang und Ende
Mauern fielen.
Es gab die Wende.
Und doch schielen

alle zum Himmel auf
der sternenlos sich gab.
Ein Nichts entstand, im Lauf
der Gezeiten schauen sie ins Tal hinab.

Man hatte vergessen
den Kopf zu heben.
Demnach ist das Sternenmeer

nur dann zu ermessen
wenn du kopferhoben siehst das Leben.
Das Gegenteil ist: folgenschwer!

XXI/5

In dem Stimulans
einen Kreis zu betrachten
beginne den mächtigen Tanz
auch im Umnachten

das Tal nicht als der Seligen Ruh
zu verstehen. Der Klang deiner Stimme
gibt es offen, ehrlich zu
ist der fleißige Flug der kleinen Imme

die Blüte für Blüte als Anfang
und Ende zugleich
sich in den Honig hineinbegibt.

So gesehen: ›Sehen‹ hab Dank
auch das Begreifen, Dein Reich
Hummelflug: honigverliebt.

… Ende und Anfang: ist wie Honigsammeln …

XXI/6

Anfang und Ende zugleich

Heraklit ist der Meinung, auf einer Kreisbahn kann jeder Anfangspunkt auch ein Endpunkt sein!

In meiner, nach beiden Seiten offenen, Parallele gibt es diesen Anfang/Endpunkt nicht. Frei ist mein Fließen ab von Zeit und Raum. Geburt und Tod ist ein lautloses Beisammensein: wortlos allemal. Und in den Tälern fließt der Bach sein wortloses Murmeln durch Zeit und Raum.

»Wer aus sich heraus lebt, tut immer besser, als wer in sich hineinlebt.« So traf ich SEUME an in seinen Apokryphen und ich schwebe in meiner Gedankenwelt, erdbehaftet durch mein Wesen und die Mächtigkeit: geboren zu sein.

So trinke ich die Hässlichkeiten der Menschheit, angefangen von Mord und Totschlag, Machtgier und Vergewaltigung – Leben zu leben – in mich hinein. Und? Meine Blickwinkel enden alle am Anfang, als Sprachbeginn: dort, wo sich Himmel und Erde treffen, auf der Wiese im Blumenmeer von Gänseblümchen, Löwenzahn und die endlosen zauberhaften himmlischgrünen vielen Gräserspitzen.

In der Unmittelbarkeit das Licht orten zu können – bei Tag und bei Nacht –, verbringe ich schwebend Anfang und Ende, und beginne »jenseits aller Kategorien« das Wunder Muttersprache in die Neuronen einzulesen, um Licht im Licht erkennen zu können: seht her, ein MENSCH –, das ist mir Ende und auch Beginn: Ich atme aus, ich atme ein … SEIN!

XXI/7

Hin zu einem neuen ABC-Denken

Das Gewesene wurde WAHRHEIT
Tag: aus – Tag: ein.
die gleiche stete Bitterkeit
im Ich ein SELBST zu sein!

Und die Gedanken – sie schwinden
im Wahren dahin.
Als Jüngling unter den Linden?
Nichts hatt' ich im Sinn.

Im Alter dann – die Thesen zerronnen
gebar sich die Wahrheit einfach als ZEIT
Gut und Böse – sind –

in Einheit versponnen.
Ein neues NIHIL steht uns allen bereit
als nackte Wahrheit: ein Kind!

›Das ist der tiefere Sinn‹!
In allen stillen Lichtakkorden
zu erkennen jene Disziplin
Kreise zu öffnen ‹ kategorienbefreit
Gut und Böse als Einheit: zu verstehen.
Der Menschheit gefeit – auch im Kreise:
SEHEN ist angesagt.

In diesem Sinne – HIER
Ein (1) Ende als Beginn!